Die MEDITATIONEN
von Marcus Aurelius

Eine neue Perspektive

Samuel Cartaxo

Meditationen: Eine neue Perspektive

Adaption, Umschlag, Urheberrecht © 2023 von Samuel Cartaxo

Ein Teil dieses Textes basiert auf den wunderbar akkuraten Werken von George Long (1862) und John Jackson (1906), die beide gemeinfrei sind; er wurde jedoch vollständig neu geschrieben und in zeitgenössischer Sprache und Stil erweitert.

Übersetzung: Alexander K. W.

Ausgabe/Version: 1/12 [Überarbeitet 16 April 2024]

1. Die Ethik. 2. Die Stoiker. 3. Das Leben.

■ ΑΩ ■

Erweitern Sie Ihren literarischen Horizont und verschenken Sie die Freude am Lesen: Entdecken Sie eine Welt voller fesselnder Bücher, die inspirieren, bilden und unterhalten!

https://www.legendaryeditions.art/

DEDICATION

INHALT

PRÄSENTATION

Dieses Buch ist eine Reise durch die Lehren des Stoizismus. Ausgehend von der Weisheit der Meditationen des Kaisers Marcus Aurelius bietet es eine Darstellung dieser Philosophie.

Entschlüsseln Sie die Geheimnisse eines Lebens frei von Problemen und Ängsten, und entdecken Sie die Stärke, jeder Situation mit Gelassenheit und Robustheit zu begegnen. Begreifen Sie, wie Sie Ihre Gedanken und Gefühle kontrollieren, ein Gefühl der inneren Gelassenheit schaffen und ein tatsächliches, substanzielles Leben führen können.

Sie sind eingeladen, "Eine neue Perspektive" kennenzulernen: Entdecken Sie die Einsichten des großen Marcus Aurelius auf eine Weise, die sein Wissen über das Leben in Ihr Leben bringt. Die meisten Ausgaben der "Meditationen" fassen jeden Gedanken oder jede Meditation in einem einzigen Absatz zusammen und schenken der Struktur wenig Beachtung. Es gibt jedoch einige Meditationen, die so umfangreich und detailliert sind, dass sie einen ganzen Band verdienen, der ihrer Erörterung gewidmet ist. Leider sind im Laufe der Jahre verstreute Absätze ohne klare Überschriften üblich geworden. Diese Ausgabe ändert all das, indem sie die Meditationen unter klaren und prägnanten Titeln präsentiert, die eine Vorschau auf ihre Themen und Botschaften geben, wobei jede einzelne in einer einfachen Sprache präsentiert wird, die es dem Leser erlaubt, direkt einzutauchen. Erleben Sie die Tiefe und Dichte der "Meditationen" in einem neuen Licht.

Dieses Buch, das in einer klaren, gestrafften Sprache verfasst ist, aber versucht, etwas von dem "Gefühl" der Erzählung des großen Marcus Aurelius nachzuahmen, bietet einen Weg zu einem besseren Leben und ist der perfekte Begleiter für jeden, der einen tieferen Einblick in die stoische Philosophie wünscht. Ganz gleich, ob Sie Ihre Interaktionen verbessern, Ihre Ausdauer kultivieren oder einfach nur mehr Zufriedenheit und Freude finden wollen, dieses Buch hat etwas für Sie. Am Ende des Buches finden Sie ein Glossar und ein Stichwortverzeichnis mit etwa 2.000 Wörtern, das Ihnen hilft, weitere Informationen zu sammeln.

Wenn Sie sich also auf eine Reise zu einem wertvolleren und bewussteren Leben begeben wollen, dann holen Sie sich jetzt Ihr Exemplar! Mit Offenbarungen und Ratschlägen ist dieses Buch Ihr Weg zu einem befriedigenderen und zufriedeneren Leben. Viel Spaß!

VORWORT

Diese Ausgabe begann aus Neugierde, wurde zu einem Experiment und entwickelte sich dann zu einem Abenteuer. Sie richtet sich nicht an erfahrene Philosophen oder Gelehrte, Historiker des Lebens und Werks von Marcus Aurelius; sie ist eine Ausgabe für Sie, genau wie für mich, einen gewöhnlichen Leser, der wissbegierig und neugierig ist und sich darüber wundert, dass Lehren wie die in diesem Buch enthaltenen Jahrhunderte und noch mehr überdauern können und dennoch von Relevanz für unser heutiges Leben sind.

Warum "Eine neue Perspektive"? Lassen Sie mich das erklären. Als ich zum ersten Mal ein Buch mit den Marcus-Meditationen in die Hand nahm, hatte ich sofort das Gefühl, dass das unschätzbare Lebenswissen des großen Marcus Aurelius im Hinblick auf die übliche Strukturierung des Textes unterschätzt wurde. Die Bücher sind in der Regel in Kapitel unterteilt, und jeder Kommentar des Markus (oder jede Meditation, wenn man so will) besteht aus nur einem Absatz. Mir ist auch aufgefallen, dass einige Meditationen recht umfangreich und detailliert sind und angesichts ihrer Weisheitsdichte und -tiefe möglicherweise einen eigenen Band für ihre Erörterung verdient hätten. Trotzdem sind lose Absätze, die nicht einmal einen Titel haben, der sich auf sie bezieht, im Laufe der Jahrhunderte in der Literatur üblich geworden. Die Erörterung dieser wichtigeren Kaisermeditationen wurde in dieser Ausgabe nicht behandelt; allerdings wurde neben der flüssigeren und aktualisierten Sprache jede Meditation mit einer Überschrift versehen, die den Leser im Voraus auf ihr Thema und ihre Botschaft hinweist. Diese Anordnung verbessert die Lektüre ungemein, denn sie ermöglicht es dem Leser, das Inhaltsverzeichnis schnell zu durchforsten, um ein Thema zu finden, das seine Aufmerksamkeit erregt, und dann direkt zur gewünschten Meditation zu springen.

Man bemühte sich, die Sprache zu modernisieren und gleichzeitig eine Atmosphäre des antiken Stils zu bewahren – ein mutmaßliches Merkmal der Epoche des Kaisers. Die Idee ist, dass der Leser, während er den Text durchgeht, in die Vergangenheit eintaucht und sich vorstellt, dass Marcus Aurelius selbst die Erzählung zu seinen Ohren vorträgt. Dieses zeitliche Eintauchen würde durch eine vollständig aktualisierte Sprache mit einer stets direkten Struktur, die zum Beispiel auch banale Begriffe oder sogar Slangs enthält, stark behindert ... Aus diesem Grund sind viele Passagen absichtlich "in der Stimme" des großen Kaisers gehalten, auch wenn dieser Aspekt nur ein persönlicher Geschmack ist. Dennoch hoffe ich, dass sich der Leser, wenn auch nur für ein paar Augenblicke, von der konkreten Realität löst und der Weisheit lauscht, die in jenen vergangenen Jahrtausenden verkündet wurde.

Bleibt das Licht der Lampe hell, bis es erlischt? Werden Wahrheit, Gerechtigkeit und Mäßigung auch in Ihnen erlöschen, bevor Sie sterben? Das Ergebnis ist eine inspirierende und relevante Darstellung des Stoizismus, einer der einflussreichsten Schulen der klassischen Philosophie. Als Geschenk für neugierige Bücherfreunde findet sich am Ende des Bandes ein ausführliches Glossar mit kontextbezogenen Informationen. Darüber hinaus wird dem Leser ein umfangreicher Index von etwa 20 Seiten angeboten, der Tausende von Wörtern und Ausdrücken umfasst, die im Text erwähnt werden.

An dieser Stelle fragen Sie sich vielleicht, was es mit dem sogenannten Stoizismus auf sich hat, oder? Nun, lassen Sie uns eine kurze Einführung geben ... Der Stoizismus entstand im frühen 3. Jahrhundert v. Chr. in Athen und betont die Selbstbeherrschung und Widerstandsfähigkeit im Umgang mit Widrigkeiten und das Streben nach einem tugendhaften und erfüllten Leben. Die Stoiker glaubten, dass unsere Emotionen und unser Wohlbefinden weitgehend von unseren Gedanken und Überzeugungen geprägt sind und dass wir die Macht haben, sie zu regulieren. Marcus

Aurelius war ein berühmter Vertreter des Stoizismus, einer Denkschule, die Selbstdisziplin und Widerstandsfähigkeit im Angesicht des Kampfes betont. Sein Meisterwerk, die "Meditationen", gilt als eines der größten Werke des Stoizismus und bietet einen Einblick in seine Theorien und Wege, die nützliche Hinweise und Ermutigungen für ein lohnenderes und zielgerichteteres Leben liefern. Dieses Buch bietet einen Einblick in seine Überzeugungen und Praktiken und gibt dem Leser praktische Anleitung und Inspiration für ein sinnvolleres und erfüllteres Leben.

In diesem Sinne lade ich Sie ein, sich mit den "Meditationen des Marcus Aurelius" auf eine Reise der Entdeckung und Transformation zu begeben. Dieses Buch ist eine fesselnde und zum Nachdenken anregende Darstellung der zeitlosen Weisheit des Kaisers Marcus Aurelius und seiner philosophischen Lehren.

Samuel Cartaxo

EINFÜHRUNG

— Ein edler Kaiser mit stoischer Weisheit und militärischem Erfolg

Marcus Aurelius Antoninus wurde am 26. April 121 n. Chr. geboren und entstammte einer adligen Familie, die ihre Abstammung von Numa, dem zweiten König von Rom, behauptete. Somit war er ein Nachkomme der religiösesten frühen Könige. Obwohl seine Eltern verstorben waren, schätzte Markus sie zeitlebens unendlich.

1. Das Leben und die Herrschaft des Marcus Aurelius Antoninus

Marcus Aurelius Antoninus wurde am 26. April des Jahres 121 n. Chr. geboren. Sein richtiger Name war M. Annius Verus, und er gehörte zu einer adligen Familie, die behauptete, von Numa, dem zweiten König von Rom, abzustammen. Der religiöseste aller Kaiser entstammte also dem Blut des frommsten der ersten Könige. Sein Vater, Annius Verus, bekleidete hohe Ämter in Rom, und sein Großvater gleichen Namens war dreimal Konsul. Beide Elternteile starben früh, aber Marcus behielt sie in liebevoller Erinnerung. Nach dem Tod seines Vaters wurde Marcus von seinem Großvater, dem Konsul Annius Verus, adoptiert, und zwischen den beiden herrschte eine tiefe Liebe. Schon auf der ersten Seite seines Buches erklärt Marcus seine Dankbarkeit dafür, dass er von seinem Großvater gelernt hat, sanftmütig und mild zu sein und Zorn und Leidenschaft zu zügeln. Kaiser Hadrian erkannte den edlen Charakter des jungen Mannes, den er nicht Verus, sondern Verissimus nannte, wahrhaftiger als seinen eigenen Namen. Er erhob Marcus im Alter von sechs Jahren in den Reiterorden und machte ihn im Alter von acht Jahren zu einem Mitglied der alten salischen Priesterschaft. Marcus' Tante, Annia Galeria Faustina, war mit Antoninus Pius verheiratet, der später Kaiser werden sollte. Antoninus, der kinderlos blieb, adoptierte Marcus, gab ihm den Namen, unter dem er bekannt wurde, und verlobte ihn mit seiner Tochter Faustina. Seine Erziehung wurde mit äußerster Sorgfalt durchgeführt. Es wurden die fähigsten Lehrer für ihn eingestellt, und Marcus wurde in der strengen Lehre der stoischen Philosophie unterrichtet, was ihm sehr gefiel. Man lehrte ihn, sich einfach zu kleiden und bescheiden zu leben, Luxus und Schlamperei zu vermeiden. Sein Körper wurde durch Kampf, Jagd und Spiele im Freien auf Ausdauer trainiert, und trotz seiner schwachen Konstitution bewies er großen persönlichen Mut, wenn er den wildesten Ebern gegenüberstand. Zugleich blieb er von den Exzessen seiner Zeit verschont. Die große Aufregung in Rom waren die Streitigkeiten im Zirkus. Die Rennfahrer nahmen eine von vier Farben an - rot, blau, weiß oder grün - und ihre Anhänger zeigten einen Eifer, sie zu unterstützen, den nichts überwinden konnte. Im Gefolge der Rennwagen kam es zu Unruhen und Korruption, und von all diesen Dingen hielt sich Marcus strikt fern.

140 wurde Marcus zum Konsul ernannt und 145 wurde ihre Verlobung durch die Heirat besiegelt. Zwei Jahre später gebar ihm Faustina eine Tochter, und bald darauf wurden ihm das Tribunat und andere kaiserliche Ehren verliehen.

Antoninus Pius starb 161, und Marcus übernahm die Kaiserwürde. Er wurde sofort mit L. Ceionius Commodus verbündet, den Antoninus zur gleichen Zeit wie Marcus als seinen jüngsten Sohn adoptiert hatte, und gab ihm den Namen Lucius Aurelius Verus. Von nun an waren die beiden Kollegen im Reich, wobei der Jüngere zu seinem Nachfolger ausgebildet wurde. Kaum hatte Marcus sich auf dem Thron etabliert, brachen auf allen Seiten Kriege aus. Im Osten begann Vologeses III. von Parthien einen lange geplanten Aufstand, vernichtete eine ganze römische Legion und fiel in Syrien ein (162). Verus wurde eilig ausgesandt, um diesen Aufstand niederzuschlagen, und er erfüllte seinen Auftrag, indem er sich der Trunkenheit und Ausschweifung hingab, während er den Krieg seinen Offizieren überließ. Bald darauf sah sich Markus im eigenen Land mit einer ernsteren Gefahr konfrontiert, nämlich dem Zusammenschluss mehrerer mächtiger Stämme an der Nordgrenze. Zu ihnen gehörten vor allem die Markomannen, die Quados (die in diesem Buch erwähnt werden), die Sarmaten, die Kattos und die Jazygen. In Rom herrschten Pest und Hungersnot, die eine von den Legionen des Verus aus dem Osten eingeschleppt, die andere durch Überschwemmungen verursacht, die große Mengen an Getreide vernichteten. Nachdem beide Kaiser alles getan hatten, um die Hungersnot zu lindern und dringende Bedürfnisse zu befriedigen - Markus war sogar gezwungen, die kaiserlichen Juwelen zu verkaufen, um Geld aufzutreiben -, begaben sie sich in einen Kampf, der mehr oder weniger für den Rest der Regierungszeit von Markus andauern sollte. Während dieser Kriege, im Jahr 169, starb Verus. Wir haben keine Möglichkeit, die Feldzüge im Detail zu verfolgen, aber so viel ist sicher: Am Ende gelang es den Römern, die Barbarenstämme zu zerschlagen und eine Einigung zu erzielen, die das Reich sicherer machte. Marcus war selbst Oberbefehlshaber, und der Sieg war nicht nur seinem Geschick zu verdanken, sondern auch seiner Weisheit bei der Auswahl seiner Leutnants, die sich im Fall von Pertinax besonders deutlich zeigte. In diesen Feldzügen wurden mehrere wichtige Schlachten geschlagen, von denen eine durch die Legende von der Trojanischen Legion berühmt geworden ist. In einer Schlacht gegen die Quados im Jahr 174 schien der Tag für den Feind günstig zu sein, als plötzlich ein großes Gewitter mit Donner und Regen aufzog, die Blitze die Barbaren mit Schrecken trafen und sie die Flucht ergriffen. Später hieß es, dieses Unwetter sei als Antwort auf die Gebete einer Legion mit vielen Christen geschickt worden, und aus diesem Grund erhielt sie den Namen Trojanische Legion. Der Titel "Trojanische Legion" ist bereits aus einer früheren Zeit bekannt, so dass zumindest dieser Teil der Geschichte nicht stimmen kann, aber die Hilfe des Sturms wird durch eine der Szenen auf der Antoninussäule in Rom anerkannt, die an diese Kriege erinnert.

Die Einigung, die nach diesen Unruhen erzielt wurde, wäre vielleicht noch zufriedenstellender ausgefallen, wenn es nicht zu einem unerwarteten Aufstand im Osten gekommen wäre. Avidius Cassius, ein fähiger Hauptmann, der sich in den Partherkriegen einen Namen gemacht hatte, war nun Statthalter in den östlichen Provinzen. Er hatte den Plan gefasst, sich selbst zum Kaiser zu ernennen, sobald der gesundheitlich angeschlagene Marcus gestorben war, und nachdem ihm die Nachricht vom Tod des Marcus übermittelt worden war, tat Cassius, was er geplant hatte. Als Marcus die Nachricht hörte, schloss er sofort Frieden und kehrte nach Hause zurück, um sich dieser neuen Gefahr zu stellen. Der Kaiser war sehr traurig darüber, dass er in die Schrecken des Bürgerkriegs hineingezogen werden musste. Er lobte Cassius' Qualitäten und äußerte den aufrichtigen Wunsch, Cassius möge nicht verletzt werden, bevor er die Gelegenheit habe, uneingeschränkt Vergebung zu gewähren. Doch bevor er nach Osten gehen konnte, erreichte Cassius die Nachricht, dass der Kaiser noch am Leben war; seine Anhänger wandten sich von ihm ab, und er wurde ermordet. Markus begab sich nun nach Osten, und während er dort war, brachten ihm die Attentäter den Kopf des Cassius, aber der Kaiser lehnte das Geschenk entrüstet ab und erlaubte den Männern auch nicht, zu ihm zu kommen.

2. Der Aufstieg und Fall des Kaisers Marcus Aurelius und die Probleme seiner Familie

Während dieser Reise starb seine Frau Faustina. Bei seiner Rückkehr feierte der Kaiser einen Triumph (176). Unmittelbar danach begab er sich nach Germanien und nahm erneut die Last des Krieges auf sich. Seine Operationen waren von vollem Erfolg gekrönt, aber die Mühen der letzten Jahre waren zu viel für seine nie robuste Konstitution gewesen, und am 17. März 180 starb er in Pannonien.

Der gute Kaiser blieb auch von häuslichen Sorgen nicht verschont. Faustina gebar ihm mehrere Kinder, denen er leidenschaftlich zugetan war. Ihre unschuldigen Gesichter sind noch heute in vielen Skulpturengalerien zu sehen und erinnern auf unheimliche Weise an das verträumte Antlitz ihres Vaters. Doch sie starben einer nach dem anderen, und als Marcus sein eigenes Ende fand, lebte nur noch einer seiner Söhne - der schwache und unwürdige Comodo. Nach dem Tod seines Vaters machte sein Nachfolger Commodus das Werk vieler Feldzüge durch einen überstürzten und rücksichtslosen Frieden zunichte, und seine zwölfjährige Herrschaft erwies sich als die eines wilden und blutrünstigen Tyrannen. In dem Skandal wurde der Name von Faustina selbst in den Vordergrund gestellt, die nicht nur der Untreue beschuldigt wurde, sondern auch, mit Cassius intrigiert und ihn zu seiner verhängnisvollen Rebellion angestiftet zu haben. Man muss zugeben, dass diese Anschuldigungen nicht auf verlässlichen Beweisen beruhen, und der Kaiser liebte sie auf jeden Fall sehr, ohne jemals den geringsten Verdacht zu hegen.

3. Die Herrschaft des Marcus: Eine Bewertung seiner Taten und seines Vermächtnisses

Wir haben festgestellt, dass Markus als Soldat fähig und erfolgreich war; als Verwalter war er umsichtig und pflichtbewusst. Obwohl er von den Lehren der Philosophie durchdrungen war, versuchte er nicht, die Welt nach einem vorgefassten Plan umzugestalten. Er folgte den ausgetretenen Pfaden seiner Vorgänger und versuchte nur, seine Pflicht so gut wie möglich zu erfüllen und Korruption zu vermeiden. Es ist wahr, dass er einige leichtsinnige Dinge getan hat. Einen Gefährten im Reich zu schaffen, wie er es mit Verus tat, war eine gefährliche Neuerung, die nur funktionieren konnte, wenn einer der beiden ausfiel; und unter Diokletian führte genau dieser Präzedenzfall dazu, dass das Römische Reich in zwei Hälften gespalten wurde. Er beging einen Fehler in seiner Zivilverwaltung, indem er zu viel zentralisierte. Die Stärke seiner Herrschaft war jedoch die Rechtspflege. Markus versuchte, Gesetze zum Schutz der Schwachen zu erlassen, das Leben der Sklaven zu erleichtern und den Waisen ein Vater zu sein. Wohltätige Stiftungen wurden gegründet, um arme Kinder aufzuziehen und zu erziehen. Provinzen wurden vor Unterdrückung geschützt, und Städte oder Bezirke, die von

Katastrophen heimgesucht wurden, erhielten öffentliche Hilfe. Der größte Schandfleck, der auf seinem Namen lastet und der wirklich schwer zu erklären ist, ist sein Umgang mit den Christen. Während seiner Herrschaft wurden Justin in Rom und Polykarp in Smyrna für ihren Glauben zum Märtyrer, und wir wissen von zahlreichen Ausbrüchen von Fanatismus in den Provinzen, die den Tod von Gläubigen zur Folge hatten. Es ist keine Entschuldigung zu behaupten, dass er nichts von den Gräueltaten wusste, die in seinem Namen verübt wurden: Es war seine Pflicht, es zu wissen, und wenn er es nicht gewusst hätte, wäre er der Erste gewesen, der zugegeben hätte, dass er seine Pflicht nicht erfüllt hat. Aber aus seinem eigenen Tonfall, wenn er über die Christen sprach, geht hervor, dass er sie nur durch Verleumdungen kannte, und wir hören nichts von Maßnahmen, die ergriffen wurden, um sicherzustellen, dass sie ein faires Verfahren erhielten. In dieser Hinsicht war Trajan besser als er.

4. Die stoische Sekte: Eine kurze Geschichte und Lehren

Für einen nachdenklichen Geist würde eine Religion wie die römische wenig Befriedigung bringen. Ihre Legenden waren oft kindisch oder unmöglich; ihre Lehren hatten wenig mit Moral zu tun. Die römische Religion war in der Tat ein Kompromiss: Die Menschen brachten bestimmte Opfer und Riten dar, und die Götter gewährten ihre Gunst, ohne Rücksicht auf Recht und Unrecht. In diesem Fall wurden alle gläubigen Seelen auf die Philosophie zurückgeworfen, wie es in Griechenland der Fall gewesen war, wenn auch in geringerem Maße. Zu Beginn des Kaiserreichs gab es zwei rivalisierende Schulen, die das Feld praktisch unter sich aufteilten: den Stoizismus und den Epikureismus. Das Ideal beider Schulen war nominell sehr ähnlich. Die Stoiker kämpften für Apatheia, die Unterdrückung aller Emotionen, und die Epikuräer für Ataraxia, die Freiheit von allen Störungen; aber am Ende wurde das eine zum Synonym für hartnäckige Resignation, das andere für ungezügelte Freizügigkeit. Mit dem Epikureismus haben wir jetzt nichts zu tun, aber es lohnt sich, die Geschichte und die Lehren der stoischen Sekte zu umreißen.

Zeno, der Begründer des Stoizismus, wurde zu einem unbekannten Zeitpunkt auf Zypern geboren, aber man kann sagen, dass sich sein Leben zwischen 350 und 250 v. Chr. abspielte. Zypern war von jeher ein Treffpunkt von Ost und West, und obwohl wir einer möglichen phönizischen Abstammung Zenos keine Bedeutung beimessen können (denn die Phönizier waren keine Philosophen), ist es sehr wahrscheinlich, dass er über Kleinasien mit dem Fernen Osten in Kontakt gekommen ist. Er studierte bei den Kynikern von Crates, vernachlässigte aber auch andere philosophische Systeme nicht. Nach vielen Jahren des Studiums eröffnete er in einem Säulengang in Athen seine eigene Schule, die sogenannte Stoa, von der die Stoiker ihren Namen haben. Nach Zeno verdankt die Schule des Portikus vor allem Chrysippus (280-207 v. Chr.). der den Stoizismus zu einem System formte. Von ihm wurde gesagt: "Ohne Chrysippus hätte es keinen Portikus gegeben".

Die Stoiker betrachteten die Spekulation als Mittel zum Zweck, und dieser Zweck war, wie Zeno es ausdrückte, ein kohärentes Leben (homologoumenós zen), oder wie es später erklärt wurde, ein Leben in Übereinstimmung mit der Natur (homologoumenós te phýsei zen). Diese Anpassung des Lebens an die Natur war die stoische Idee der Tugend. Dieser Ausspruch könnte leicht so verstanden werden, dass Tugend darin besteht, jedem natürlichen Impuls nachzugeben, aber das war weit entfernt von der stoischen Bedeutung. Um im Einklang mit der Natur zu leben, ist es notwendig zu wissen, was die Natur ist; und zu diesem Zweck wird eine Dreiteilung der Philosophie vorgenommen - in Physik, die sich mit dem Universum und seinen Gesetzen, den Problemen der göttlichen Regierung und der Teleologie befasst; Logik, die den Verstand schult, um das Wahre vom Falschen zu unterscheiden; und Ethik, die das so gewonnene und geprüfte Wissen auf das praktische Leben anwendet.

5. Das stoische System: Materialismus, Pantheismus und Tugend

Das stoische System der Physik war Materialismus mit einem Einschlag von Pantheismus. Im Gegensatz zu Platons Ansicht, dass nur die Ideen oder Prototypen der Phänomene tatsächlich existieren, vertraten die Stoiker die Ansicht, dass nur materielle Objekte existierten; dem materiellen Universum sei jedoch eine geistige Kraft immanent, die durch sie wirke und sich in vielen Formen manifestiere, wie Feuer, Äther, Geist, Seele, Vernunft, das leitende Prinzip.

Das Universum ist also Gott, von dem die volkstümlichen Götter Manifestationen sind, während die Legenden und Mythen allegorisch sind. Die Seele des Menschen ist also eine Emanation der Gottheit, in die sie schließlich wieder aufgenommen wird. Das göttliche Führungsprinzip sorgt dafür, dass alle Dinge zum Guten zusammenwirken, aber zum Wohle des Ganzen. Das höchste Gut des Menschen ist es, bewusst mit Gott für das Gemeinwohl zu arbeiten, und das ist der Sinn, in dem der Stoiker versuchte, der Natur gemäß zu leben. Wie die Vorsehung das Universum regiert, so muss die Tugend in der Seele den Menschen regieren.

In der Logik zeichnet sich das stoische System durch seine Theorie des Wahrheitstests, des Kriteriums, aus. Sie verglichen die neugeborene Seele mit einem Blatt Papier, das zum Schreiben bereit ist. Darauf schreiben die Sinne ihre Eindrücke (phantasiai), und durch die Erfahrung mehrerer von ihnen entwickelt die Seele unbewusst allgemeine Vorstellungen (koinai ennoiai) oder Vorahnungen (prolêpseis). Wenn der Eindruck so unwiderstehlich war, nannte man ihn (kataléptikê phantasia) das, was anhaftet, oder wie man erklärte, von der Wahrheit ausgehend. Ideen und Schlussfolgerungen, die künstlich durch Deduktion oder ähnliches erzeugt wurden, wurden durch diese "retentive Wahrnehmung" geprüft. Die ethische Anwendung habe ich bereits erwähnt. Das höchste Gut war das tugendhafte Leben. Tugend an sich ist Glück und Laster ist Unglück. Der Stoiker treibt diese Theorie auf die Spitze, indem er sagt, dass es keine Abstufungen zwischen Tugend und Laster geben kann, obwohl jedes seine eigenen besonderen Erscheinungsformen hat. Außerdem ist nichts gut außer der Tugend, und nichts ist schlecht außer dem Laster. Die äußeren Dinge, die man gemeinhin als gut oder schlecht bezeichnet, wie Gesundheit und Krankheit, Reichtum und Armut, Vergnügen und

Schmerz, sind für ihn gleichgültig (adiaphora). All diese Dinge sind lediglich die Sphäre, in der die Tugend wirken kann. Der ideale weise Mensch ist in allen Dingen selbstgenügsam (autarkês); und da er diese Wahrheiten kennt, wird er glücklich sein, selbst wenn er auf dem Folterrad ausgestreckt wird. Wahrscheinlich beanspruchte kein Stoiker für sich selbst, dieser Weise zu sein, sondern jeder strebte danach als Ideal, so wie ein Christ nach der Christusähnlichkeit strebt. Die Übertreibung in dieser Aussage war jedoch so offensichtlich, dass sich spätere Stoiker dazu veranlasst sahen, eine weitere Unterteilung der gleichgültigen Dinge in vorteilhafte (proêgmena) und unerwünschte (apoproêgmena) vorzunehmen. Sie argumentierten auch, dass für diejenigen, die keine vollkommene Weisheit erlangt hatten, bestimmte Handlungen geeignet waren (katêkonta). Diese waren weder tugendhaft noch lasterhaft, sondern nahmen wie indifferente Dinge einen Zwischenplatz ein.

Zwei Punkte im stoischen System verdienen besondere Erwähnung. Der eine ist die sorgfältige Unterscheidung zwischen Dingen, die in unserer Macht stehen, und Dingen, die nicht in unserer Macht stehen. Begierde und Abneigung, Meinung und Zuneigung liegen in der Macht des Willens, während Gesundheit, Reichtum, Ehre und andere Dinge im Allgemeinen nicht in unserer Macht liegen. Der Stoiker sollte seine Wünsche und Neigungen kontrollieren und seine Meinung lenken; er sollte sein ganzes Wesen unter die Herrschaft des Willens oder des leitenden Prinzips bringen, so wie das Universum von der göttlichen Vorsehung gelenkt und regiert wird. Dies ist eine besondere Anwendung der beliebten griechischen Tugend der Mäßigung (sophrosýnê), die auch in der christlichen Ethik ihre Parallele hat. Der zweite Punkt ist ein starkes Beharren auf der Einheit des Universums und der Pflicht des Menschen als Teil eines großen Ganzen. Der Gemeinsinn war die großartigste politische Tugend der antiken Welt, und hier wird er kosmopolitisch. Auch hier ist es aufschlussreich zu sehen, dass die christlichen Weisen auf dasselbe bestanden haben. Die Christen werden gelehrt, dass sie Mitglieder einer weltweiten Bruderschaft sind, in der es weder Griechen noch

Juden, weder Sklaven noch Freie gibt, und dass sie ihr Leben als Mitarbeiter Gottes leben.

Das ist das System, das den Meditationen des Marcus Aurelius zugrunde liegt. Eine gewisse Kenntnis davon ist für das richtige Verständnis des Buches notwendig, aber für uns liegt das Hauptinteresse woanders. Wir wenden uns nicht an Marcus Aurelius, auf der Suche nach einer Abhandlung über den Stoizismus. Er ist nicht das Oberhaupt einer Schule, um ein Lehrgebäude für seine Schüler zu errichten; er denkt nicht einmal daran, andere lesen zu lassen, was er schreibt. Seine Philosophie ist keine eifrige intellektuelle Untersuchung, sondern eher das, was wir ein religiöses Gefühl nennen sollten. Die unnachgiebige Starrheit eines Zeno oder Chrysippus wird durch eine ehrfürchtige und tolerante, sanfte und arglose Natur gemildert und verwandelt; die düstere Resignation, die dem stoischen Weisen das Leben ermöglichte, wird bei ihm fast zu einer Stimmung des Strebens. Sein Buch hält die innersten Gedanken seines Herzens fest, niedergeschrieben, um ihn zu entlasten, mit solchen Maximen und moralischen Überlegungen, die ihm helfen können, die Last der Pflicht und die zahllosen Ärgernisse eines geschäftigen Lebens zu ertragen.

6. Vergleich von "Die Meditationen" und "Die Nachfolge Christi": Gemeinsamkeiten und Unterschiede

Es ist lehrreich, die "Meditationen" mit einem anderen berühmten Buch, "Die Nachfolge Christi", zu vergleichen. In beiden findet sich das gleiche Ideal der Selbstbeherrschung. Es sollte die Aufgabe des Menschen sein, sagt die Nachahmung, "sich selbst zu überwinden und jeden Tag stärker zu sein als er selbst". "Im Widerstand gegen die Leidenschaften liegt der größte Frieden des Herzens". "Lasst uns die Axt an die Wurzel legen, damit wir, von den Leidenschaften gereinigt, einen friedlichen Geist haben". Zu diesem Zweck muss eine ständige Selbstprüfung stattfinden. "Wenn du nicht ständig ins Bett gehen kannst, dann tu es wenigstens manchmal, morgens und abends. Morgens stelle einen Antrag, abends bespreche, wie du den Tag in Wort, Tat und Gedanken verbracht hast." Aber während das Temperament des Römers von bescheidenem Selbstvertrauen geprägt ist, strebt der Christ nach einer passiveren Stimmung, nach Demut und Sanftmut und nach Vertrauen in die Gegenwart und persönliche Freundschaft Gottes. Der Römer prüft seine Fehler mit Strenge, aber ohne den Selbsthass, der den Christen "in seinen eigenen Augen schändlich" macht. Dem Christen wird wie dem Römer gesagt, er solle sich bemühen, "sein Herz von der Liebe zu den sichtbaren Dingen zu lösen"; aber er hat nicht so sehr das fleißige Leben der Pflicht im Sinn als vielmehr die Verachtung aller weltlichen Dinge und die "Abkehr von allen minderwertigen Vergnügungen". Beide bewerten das Lob und den Tadel der Menschen nach dem, was sie wirklich wert sind; "Lasst euren Frieden", sagt der Christ, "nicht im Munde der Menschen sein". Aber der Christ wendet sich an Gottes Tadel, der Römer an seine eigene Seele. Die kleinen Ärgernisse der Ungerechtigkeit oder des Bösen werden von beiden mit demselben Großmut betrachtet. "Warum bist du traurig über ein kleines Wort oder eine kleine Tat gegen dich? Es ist nicht neu, es ist nicht das erste und es wird auch nicht das letzte sein, wenn ihr lange lebt. Ertrage es höchstens mit Geduld, wenn du es nicht mit Freude ertragen kannst." Ein Christ sollte die Bösartigkeit anderer schwerer wiegen als unsere eigenen Beleidigungen; aber der Römer neigt dazu, seine Hände in Unschuld zu waschen. "Bemühe dich, geduldig zu sein im Leiden und die Fehler und Schwächen anderer zu ertragen", sagt der Christ; aber der Römer würde nie daran denken, hinzuzufügen: "Wenn alle Menschen vollkommen wären, was hätten wir dann von anderen für Gott zu erleiden?". Die Tugend des Leidens an sich ist eine Idee, die wir in den Meditationen nicht finden. Beide erkennen gleichermaßen, dass der Mensch Teil einer großen Gemeinschaft ist. "Kein Mensch ist sich selbst genug", sagt der Christ, "wir müssen gemeinsam ertragen, gemeinsam helfen, gemeinsam trösten". Aber während der Christ die größte Bedeutung im Eifer, in erhabenen Gefühlen, mit anderen Worten, und in der Vermeidung von Lauheit sah, dachte der Römer hauptsächlich an die Pflicht, die auf die bestmögliche Weise erfüllt werden sollte, und weniger an das Gefühl, das ihre Erfüllung begleiten sollte. Für den Heiligen wie für den Kaiser ist die Welt bestenfalls eine armselige Sache. "Es ist in der Tat ein Elend, auf der Erde zu leben", sagt der Christ; kurz und schlecht sind die Tage des Lebens eines Menschen, die plötzlich wie ein Schatten vergehen.

Aber es gibt einen großen Unterschied zwischen den beiden Büchern, die wir hier betrachten. Die Nachahmung ist an andere gerichtet, die Meditationen sind vom Verfasser an sich selbst gerichtet. Aus der Nachahmung erfahren wir nichts über das eigene Leben des Autors, außer dass man annehmen kann, dass er seine eigenen Lehren praktizierte; die Meditationen spiegeln Stimmung für Stimmung den Geist der Person wider, die sie schrieb. In ihrer Intimität und Offenheit liegt ihr großer Reiz. Diese Notizen sind keine Predigten; sie sind nicht einmal Bekenntnisse. In Bekenntnissen liegt immer ein Hauch von Selbstbewußtsein; in solchen Offenbarungen besteht immer die Gefahr der Unreinheit oder Vulgarität, selbst für die besten Menschen. Der heilige Augustinus ist nicht immer frei von Beleidigungen, und John Bunyan selbst übertreibt die lässlichen Sünden zu abscheulichen Sünden. Aber Marcus Aurelius ist weder vulgär noch salbungsvoll; er schwächt nichts ab, schreibt aber auch nichts böswillig nieder. Er posiert nie vor einem Publikum; er mag nicht tiefgründig sein, aber er ist immer aufrichtig. Und es ist eine erhabene und heitere Seele, die sich uns hier offenbart. Gewöhnliche Laster scheinen für ihn keine Versuchung zu sein; er ist nicht jemand, der gefesselt und angekettet ist und darum kämpft, sich zu befreien. Die Mängel, die er an sich selbst entdeckt, sind oft so, dass die meisten Menschen nicht einmal die Augen haben, sie zu sehen. Um dem göttlichen Geist, der ihm eingepflanzt ist, zu dienen, muss sich der Mensch "rein halten von allen heftigen Leidenschaften und bösen Neigungen, von aller Unbesonnenheit und Eitelkeit und von jeder Art von Unzufriedenheit, sei es in Bezug auf Götter oder Menschen": oder, wie es an anderer Stelle heißt, "unbefleckt von Lust, unerschrocken von Schmerz". Unerschütterliche Höflichkeit und Rücksichtnahme sind seine Ziele. "Was auch immer jemand tut oder sagt, es soll gut sein"; "Beleidigt es jemanden? Du selbst bist es, den du beleidigst: warum sollte es dich stören?". Der Täter braucht Mitleid, nicht Zorn; diejenigen, die korrigiert werden müssen, sollten mit Takt und Feingefühl behandelt werden; und jemand sollte immer bereit sein, sich zu bessern. "Die beste Art der Rache ist, nicht so zu werden wie sie". Es gibt so viele Hinweise auf verziehene Beleidigungen, dass wir glauben können, dass die Notizen den Tatsachen folgen. Vielleicht haben Sie Ihr Ziel verfehlt, also versuchen Sie, sich Ihre Grundsätze in Erinnerung zu rufen und sich für die Zukunft zu stärken. Dass diese Maximen kein leeres Gerede sind, zeigt die Geschichte von Avidius Cassius, der seinen Kaiserthron an sich reißen wollte. Auf diese Weise erfüllt der Kaiser getreu seinen eigenen Grundsatz, dass das Böse mit dem Guten überwunden werden muss. Für jeden Fehler der anderen hat uns die Natur (sagt er) eine entgegengesetzte Tugend gegeben; "wie zum Beispiel gegen die Undankbaren hat sie Güte und Sanftmut als Gegenmittel gegeben".

7. Marcus Aurelius: Eine Suche des Philosophen nach Sinn und Glauben

Wer so gütig zu einem Feind ist, muss auch ein guter Freund sein; und in der Tat sind seine Seiten voll von großzügiger Dankbarkeit gegenüber denen, die ihm gedient haben. In seinem ersten Buch legt er Rechenschaft über all seine Schulden bei Verwandten und Lehrern ab. Seinem Großvater verdankte er den ihm eigenen sanften Geist, seinem Vater Bescheidenheit und Mut; von seiner Mutter lernte er, religiös, großzügig und zielstrebig zu sein. Rusticus arbeitete nicht vergeblich; er zeigte seinem Schüler, dass sein Leben geändert werden musste. Apollonius lehrte ihn Einfachheit, Vernunft, Dankbarkeit und die Liebe zur wahren Freiheit. Und so geht die Liste weiter; es scheint, dass jeder, mit dem er zu tun hatte, ihm etwas Gutes gab, ein sicherer Beweis für die Güte seiner Natur, die nichts Böses dachte.

Wenn er dieses ehrliche und aufrichtige Herz hatte, das das christliche Ideal ist, ist es umso bemerkenswerter, dass ihm der Glaube fehlte, der die Christen stärkt. Er könnte sagen: "Entweder gibt es einen Gott, und dann ist alles gut; oder wenn alles dem Zufall und dem Schicksal folgt, kann man immer noch seine eigene Klugheit in den Dingen anwenden, die einen wirklich betreffen;

und dann ist alles gut". Oder anders: "Wir müssen zugeben, dass es eine Natur gibt, die das Universum regiert". Aber seine eigene Rolle im Gesamtgefüge der Dinge ist so klein, dass er kein persönliches Glück erwartet, das über das hinausgeht, was eine heitere Seele in diesem sterblichen Leben erreichen kann. "O meine Seele, ich hoffe, dass die Zeit kommen wird, in der du gut, einfach, offener und sichtbarer sein wirst als dieser Körper, der dich umschließt"; aber dies bezieht sich auf die ruhige Akzeptanz des menschlichen Zustands, die er zu erreichen hofft, nicht auf eine Zeit, in der die Fesseln des Körpers zerbrochen werden. Was den Rest betrifft, die Welt und ihren Ruhm und Reichtum, so ist "alles Eitelkeit". Die Götter mögen eine besondere Fürsorge für ihn haben, aber ihre besondere Fürsorge gilt dem Universum im Allgemeinen: das sollte ausreichen. Seine Götter sind besser als die stoischen Götter, die sich von allem Menschlichen fernhalten, unbeirrt und gleichgültig sind, aber seine persönliche Hoffnung ist kaum stärker. Er sagt wenig zu diesem Punkt, obwohl es viele Anspielungen auf den Tod als natürliches Ende gibt; zweifellos hoffte er, dass seine Seele eines Tages in der universellen Seele aufgehen würde, da nichts aus dem Nichts kommt und nichts vernichtet werden kann. Seine Stimmung ist von erschöpfender Müdigkeit; er tut seine Pflicht wie ein guter Soldat und wartet auf den Trompetenstoß, der den Rückzug einläutet; er hat nicht jene freudige Zuversicht, die Sokrates durch ein nicht minder edles Leben bis zu einem Tod trug, der ihn in die Gesellschaft der Götter, die er verehrt hatte, und der Menschen, die er verehrte, bringen würde.

Aber auch wenn Markus Aurelius intellektuell davon überzeugt war, dass seine Seele dazu bestimmt war, in sich selbst aufzugehen und ihr Selbstbewusstsein zu verlieren, gab es Zeiten, in denen er spürte, wie jeder, der so denkt, manchmal spüren muss, wie unbefriedigend ein solcher Glaube ist. Also sucht er blindlings nach etwas, das weniger leer und vergeblich ist. "Du hast dich eingeschifft", sagt er, "du bist gesegelt, du hast Land erreicht, geh, wenn auch für ein anderes Leben, auch dort wirst du Götter finden, die überall sind." Das ist mehr als die Übernahme einer rivalisierenden Theorie um des Argumentes willen. Wenn die weltlichen Dinge "nur ein Traum sind, liegt der Gedanke nicht fern, dass es ein Erwachen zu dem geben kann, was wirklich ist. Wenn er vom Tod als notwendiger Veränderung spricht und darauf hinweist, dass nichts Nützliches oder Fruchtbares ohne Veränderung entstehen kann, denkt er dann an die Veränderung eines Weizenkorns, das nicht keimt, sondern stirbt? Die wunderbare Kraft der Natur, aus dem Verfall Neues zu schaffen, ist gewiss nicht auf körperliche Dinge beschränkt. Viele seiner Gedanken klingen wie ferne Anklänge an den heiligen Paulus; und es ist in der Tat seltsam, dass gerade dieser christliche Kaiser nichts Gutes über die Christen zu sagen hatte. Für ihn sind sie nur Sektierer, die "heftig und leidenschaftlich in Opposition stehen".

8. Das paradoxe Leben des Marcus Aurelius

Diese Meditationen sind sicherlich nicht zutiefst philosophisch; aber Marcus Aurelius war zu aufrichtig, um nicht das Wesentliche der Dinge zu sehen, die unter seine Erfahrung fielen. Die Religionen der Antike befassten sich hauptsächlich mit äußeren Dingen. Wenn man die notwendigen Rituale durchführt, besänftigt man die Götter; und diese Rituale waren oft trivial und verstießen manchmal gegen den gesunden Menschenverstand oder sogar gegen die Moral. Selbst wenn die Götter auf der Seite der Rechtschaffenheit standen, kümmerten sie sich mehr um die Handlung als um die Absicht. Aber Marcus Aurelius weiß, dass der Mensch das tut, wovon sein Herz erfüllt ist. "So sind eure gewohnheitsmäßigen Gedanken und Überlegungen", sagt er, "so wird euer Geist mit der Zeit sein." Und jede Seite des Buches zeigt uns, dass er wusste, dass das Denken sicher zum Handeln führen würde. Er schult seine Seele in den richtigen Prinzipien, damit sie ihn leiten können, wenn die Zeit gekommen ist. Zu warten, bis der Notfall eintritt, ist zu spät.

Er erkennt auch das wahre Wesen des Glücks. "Wenn das Glück im Vergnügen bestünde, wie könnten dann berüchtigte Räuber, unreine und abscheuliche Menschen, Vatermörder und Tyrannen einen so großen Anteil an Vergnügungen haben?". Er, der alle Vergnügungen der Welt zu seiner Verfügung hatte, konnte wie folgt schreiben: "Ein glücklicher Anteil ist es, gute Neigungen der Seele, gute Wünsche und gute Taten zu haben".

Die Ironie des Schicksals wollte es, dass dieser so sanfte und gute Mann, der sich nach ruhigen Freuden und einem sorgenfreien Geist sehnte, an die Spitze des Römischen Reiches gestellt wurde, als von Osten und Westen große Gefahren drohten. Mehrere Jahre lang befehligte er selbst seine Armeen. Im Lager vor Quados datierte er das erste Buch seiner Meditationen und zeigte, wie er sich inmitten des rauen Waffenlärms in sich selbst zurückziehen konnte. Der Pomp und der Ruhm, die er verachtete, gehörten ihm ganz allein; was für die meisten Menschen Ehrgeiz oder ein Traum ist, war für ihn eine Reihe ermüdender Aufgaben, zu deren Erfüllung ihn nur ein strenges Pflichtgefühl bringen konnte. Und er machte seine Arbeit gut. Seine Kriege waren langsam und mühsam, aber erfolgreich. Mit der Weisheit eines Staatsmannes sah er die Gefahr für Rom durch die barbarischen Horden aus dem Norden voraus und ergriff Maßnahmen, um ihr zu begegnen. Sein Abkommen verschaffte dem Römischen Reich zwei Jahrhunderte Aufschub; hätte er den Plan, die Reichsgrenzen bis zur Elbe zu erweitern, der ihm vorschwebte, verwirklicht, hätte er noch viel mehr erreichen können. Doch der Tod machte seinen Plänen ein Ende.

Marcus Aurelius hatte tatsächlich die seltene Gelegenheit, zu zeigen, was der Geist trotz der Umstände zu leisten vermag. Der friedlichste aller Krieger, ein großartiger Monarch, dessen Ideal das stille Glück im häuslichen Leben war, der zur Dunkelheit neigte, obwohl er zur Größe geboren war, ein liebevoller Vater von Kindern, die früh starben oder sich als hasserfüllt erwiesen, sein Leben war ein Paradoxon. Damit es ihm an nichts fehlte, durchquerte er das Lager des Feindes und ging zu seinem eigenen Ort.

BUCH 1

— Ein Leben voller Mitgefühl und Zielstrebigkeit

Habt Mitgefühl und ein Ziel. Wir können von Marcus' Vater lernen, der uns an die gemeinsame Menschlichkeit erinnert hat. Wir können Beziehungen aufbauen und uns für Gerechtigkeit einsetzen und so einen positiven Einfluss auf unsere Welt ausüben. Es ist wichtig, ein Gleichgewicht zu finden, Ärger zu vermeiden und den inneren Frieden zu bewahren. Wenn wir uns diese Grundsätze vor Augen halten, können wir ein erfülltes Leben aufbauen, das uns und anderen zugutekommt.

1. Von meinem Großvater lerne ich gute Manieren und Selbstbeherrschung

Von meinem Großvater Verus habe ich gelernt, mich gut zu benehmen und meinen Ärger zu zügeln.

2. Eine Erinnerung an meinen bescheidenen und männlichen Vater

In der Erinnerung meines Vaters war ich ein Vorbild an Bescheidenheit und Männlichkeit.

3. Werte, die ich von meiner Mutter gelernt habe

Von meiner Mutter lernte ich, fromm und großzügig zu sein; mich nicht nur von bösen Taten, sondern auch von bösen Gedanken fernzuhalten; und mit einer Einfachheit zu leben, die unter den Reichen nicht üblich ist.

4. Der Einfluss meines Urgroßvaters auf meine Bildung

Ich verdanke es meinem Urgroßvater, dass ich keine öffentlichen Vorlesungen und Diskussionen besuchte, sondern gute und fähige Lehrer zu Hause hatte; und ich verdanke ihm auch die Erkenntnis, dass einem Mann für solche Dinge kein Aufwand zu groß sein sollte.

5. Die Lehren meines Lehrers: Unvoreingenommenheit und Selbstständigkeit

Mein Lehrer hat mir beigebracht, bei Wagenrennen weder Grün noch Blau zu bevorzugen und bei Gladiatorenkämpfen weder den Leichtesten noch den Schwersten zu unterstützen. Er lehrte mich auch, Arbeit zu ertragen, nicht viele Dinge zu brauchen, mir selbst zu dienen, ohne andere zu belästigen, mich nicht in die Angelegenheiten anderer einzumischen und Verleumdungen gegen sie nicht einfach anzuhören.

6. Die Einflüsse von Diognetus auf mein Leben

Von Diognetus lernte ich, mich nicht mit eitlen Dingen zu beschäftigen; nicht den großen Behauptungen derer Glauben zu schenken, die vorgeben, Wunder zu vollbringen, oder den Zauberern, die behaupten, Dämonen auszutreiben und dergleichen; keine Wachteln (zum Kämpfen oder Wahrsagen) zu halten und solchen Dingen nicht nachzulaufen; die Redefreiheit bei anderen zu dulden und mich mit ganzem Herzen der Philosophie zu widmen. Ihm habe ich auch zu verdanken, dass ich zuerst Bacchius, dann Tandasis und Marcianus hörte, dass ich in meiner Jugend Dialoge schrieb und Gefallen an der Palette und den Fellen der Philosophen fand, sowie an den anderen Dingen, die nach der griechischen Disziplin zu diesem Beruf gehören.

7. Der Einfluss von Rusticus auf mein Leben und meine Entwicklung

Rusticus verdanke ich, dass ich zum ersten Mal erkannte, dass meine Natur der Reform und der Heilung bedurfte, und dass ich nicht dem Ehrgeiz der gewöhnlichen Sophisten verfiel, indem ich spekulative Texte schrieb oder in der Öffentlichkeit Ermahnungen deklamierte; dass ich nie danach strebte, wegen großer Geduld in einem asketischen Leben oder wegen Aktivität und Anstrengung bewundert zu werden; dass ich das Studium der Rhetorik, der Poesie und der Anmut der Rede aufgab, und dass ich nicht in meinem Haus in meinen senatorischen Gewändern herumlief oder eine ähnliche Affektiertheit zur Schau stellte. Ich bemerkte auch die Einfachheit des Stils in seinen Briefen, besonders in dem, den er meiner Mutter aus Sinuessa schrieb. Ich lernte von ihm, mich leicht beschwichtigen zu lassen und mich mit denen, die mich ärgerten oder beleidigten, zu versöhnen, sobald sie bereit waren, sich zu versöhnen; sorgfältig zu lesen; mich nicht mit kleinen und oberflächlichen Kenntnissen begnügen und großen Rednern schnell zuzustimmen. Ich verdanke es ihm, dass ich die Reden des Epiktet gefunden habe, die er mir in seiner eigenen Bibliothek zur Verfügung stellte.

8. Freiheit und Hartnäckigkeit: Lektionen von Apollonius

Von Apollonius lernte ich wahre Freiheit und Hartnäckigkeit; nichts anderes zu beachten, auch nicht im Geringsten, als immer die Vernunft; und immer unveränderlich zu bleiben in den Qualen des Schmerzes, im Verlust von Kindern oder in langen Krankheiten. Er gab mir ein lebhaftes Beispiel dafür, wie ein und derselbe Mensch zuweilen sehr nachgiebig und gleichzeitig sehr unnachgiebig sein kann. Er war geduldig, wenn es darum ging, etwas zu erklären, und schätzte sein Geschick und seine Fähigkeit, anderen die Prinzipien der Philosophie beizubringen, als die geringste seiner Begabungen. Von ihm lernte ich, wie man von Freunden vermeintliche Gunstbezeugungen entgegennimmt, ohne dass der Geber gedemütigt oder unempfänglich für das Geschenk zu sein scheint.

9. Das Vorbild eines gütigen Wesens und eines naturgemäßen Lebens

Sextus war mein Vorbild für ein gütiges Wesen und seine Familie, das Modell für einen Haushalt, der von wahrer väterlicher Zuneigung und dem festen Willen, der Natur entsprechend zu leben, geleitet wurde. Hier lernte ich, ernst zu sein, ohne mich zu verstellen, die verschiedenen Neigungen meiner Freunde scharfsinnig zu beobachten, Unwissende zu tolerieren und diejenigen zu tolerieren, die den gängigen Meinungen ungeprüft folgen. Seine Konversation zeigte, wie ein Mann sich allen Menschen und Gesellschaften anpassen kann; denn obwohl die Gesellschaft mit ihm süßer und angenehmer war als jede Art von Schmeichelei, wurde er gleichzeitig hochgeachtet und verehrt. Keiner war jemals glücklicher als er, wenn es darum ging, die großen Maximen, die für die Führung des Lebens notwendig sind, zu verstehen, herauszufinden und genau zu ordnen. Sein Beispiel hat mich gelehrt, auch nur den geringsten Anschein von Zorn oder anderen Leidenschaften zu unterdrücken, aber bei all dieser vollkommenen Ruhe das zärtlichste und liebevollste Herz zu besitzen, andere zu loben, ohne zu lärmen, viel zu lernen und wenig zu prahlen.

10. Sprachlicher Respekt und Diskussionen: Eine Lektion von Alexander dem Grammatiker

Von Alexander dem Grammatiker lernte ich, andere nicht zu tadeln und sie nicht wegen einer Barbarei, eines Soziolekts oder einer falschen Aussprache zu beschimpfen. Vielmehr war ich geschickt darin, die Wörter in meiner Antwort richtig auszusprechen, Zustimmung oder Einspruch auf die Sache selbst zu beschränken und eine Diskussion über den Ausdruck zu vermeiden oder eine andere Form der höflichen Anregung zu verwenden.

11. Die dunkle Realität hinter dem Adelsstand

Fronto machte mir bewusst, wie viel Neid, Betrug und Heuchelei die Fürsten umgibt und dass diejenigen, die wir als edel geboren betrachten, im Allgemeinen weniger natürliche Zuneigung haben.

12. Tipps für effizientes Briefeschreiben und Zeitmanagement

Von Alexander, dem Platoniker, habe ich gelernt, dass ich nicht oft und nicht ohne Not jemandem in einem Brief sage oder schreibe, dass ich keine Zeit habe, und dass ich mich auch nicht unter dem Vorwand dringender Angelegenheiten von den Pflichten entbinde, die wir je nach unseren verschiedenen Bindungen denen schulden, mit denen wir leben.

13. Die Lehren von Catulus für ein erfülltes Leben

Von Catulus lernte ich, die Zurechtweisung eines Freundes nicht zu verurteilen, auch wenn sie ungerecht war, sondern zu versuchen, ihn zu seiner früheren Gesinnung zurückzubringen; ich sparte nicht mit Lob, wenn ich von meinen Herren sprach, wie es von Domitius und Athenodorus berichtet wird; und ich liebte meine Kinder mit wahrer Zuneigung.

14. Lektionen von Severus: Liebe zur Familie, Wahrheit und Gerechtigkeit

Von Severus, meinem Bruder, lernte ich, meine Verwandten zu lieben, die Wahrheit zu lieben und die Gerechtigkeit zu lieben. Durch ihn lernte ich Thrasea, Helvidius, Cato, Dion und Brutus kennen. Er vermittelte mir meine erste Vorstellung von einem Gemeinwesen, das auf gerechten Gesetzen beruht und mit gleichem Recht verwaltet wird, und von einer Monarchie, deren wichtigstes Anliegen die Freiheit ihrer Untertanen ist. Von ihm lernte ich auch eine beständige und harmonische Hingabe an die Philosophie, die Bereitschaft, Gutes zu tun, und Großzügigkeit von ganzem Herzen. Er lehrte mich, guter Hoffnung zu sein und auf die Zuneigung meiner Freunde zu vertrauen. Ich beobachtete bei ihm, dass er offen aussprach, was er am Verhalten anderer verurteilte, und sein Verhalten war so offen und ehrlich, dass seine Freunde leicht erkennen konnten, was er mochte oder nicht mochte, ohne dass sie Vermutungen anstellen mussten.

15. Die bewundernswerten Eigenschaften von Maximus

Die Ratschläge von Maximus haben mich gelehrt, mich selbst zu beherrschen, klar zu urteilen, in Krankheit und anderen Unglücksfällen guten Mutes zu sein, mäßig, sanftmütig, aber ernsthaft zu sein und meine Aufgaben ohne Reue zu erfüllen. Alle Menschen glaubten, dass er so sprach, wie er dachte, und sie wussten, dass alles, was er tat, in guter Absicht geschah. Er war nie überrascht oder erstaunt über etwas. Er war nie in Eile, schreckte nie vor seinen Vorhaben zurück, war nie ratlos oder niedergeschlagen. Er war kein oberflächlicher Lächler, aber er war auch nicht leidenschaftlich oder misstrauisch. Er war bereit, Gutes zu tun, zu verzeihen und die Wahrheit zu sagen, und vermittelte eher den Eindruck unverfälschter Rechtschaffenheit als eines geläuterten Charakters. Keiner konnte sich jemals von Maximus verachtet fühlen, und niemand wagte es, sich für seinen Vorgesetzten zu halten. Er hatte auch eine gute Gabe für Humor.

16. Die Lehren meines Vaters: Sanftmut, Beständigkeit und Ethik

Von meinem Vater lernte ich Sanftmut und unbeirrbare Beständigkeit in den Urteilen, die nach reiflicher Überlegung gefällt wurden; sich nicht mit Ruhm aufzublähen, wie die Menschen ihn verstehen; fleißig und eifrig zu sein. Er lehrte mich, jedem ein offenes Ohr zu schenken, der etwas zum Gemeinwohl beiträgt; jedem unparteiisch Recht zu sprechen; richtig zu erkennen, wann Strenge und wann Milde angebracht ist; mich aller unreinen Begierden zu enthalten und allen Menschen gegenüber Menschlichkeit walten zu lassen. So ließ er seinen Freunden die Freiheit, mit ihm zu essen oder nicht zu essen, mit ihm ins Ausland zu gehen oder nicht, ganz wie es ihnen gefiel; und sie fanden ihn auch dann noch, wenn dringende Geschäfte sie daran hinderten, seinen Befehlen zu gehorchen. Ich lernte von ihm Genauigkeit und Geduld im Rat, denn er gab sich nie mit den ersten Eindrücken zufrieden, wenn er eine Untersuchung durchführte. Ich beobachtete seinen Eifer, sich seine Freunde zu erhalten, ohne wankelmütig zu sein; seine Zufriedenheit in jeder Situation; seine Fröhlichkeit; seine Voraussicht auf weit entfernte Ereignisse; seine unaufdringliche Aufmerksamkeit für die kleinsten Details; seine Zurückhaltung gegenüber jeglichem Beifall und Schmeicheleien. Er war stets auf die Bedürfnisse des Reiches bedacht, ein sorgfältiger Verwalter der öffentlichen Einnahmen, und er war tolerant gegenüber dem Tadel anderer in solchen Angelegenheiten. Er war weder ein abergläubischer Götterverehrer noch ein ehrgeiziger Menschenfreund, noch strebte er nach Beliebtheit, sondern war in allen Dingen nüchtern und standhaft, gut bewandert in dem, was ehrenhaft war, und hatte nie etwas mit Neuerungen am Hut. Was die Dinge betrifft, die das Leben leicht machen und die das Glück in Hülle und Fülle zur Verfügung stellt, so nutzte er sie ohne Stolz und doch in aller Freiheit; er genoss sie, wenn sie vorhanden waren, ohne sich zu verstellen, und wenn sie fehlten, fehlten sie ihm nicht. Niemand konnte ihn einen Sophisten, Possenreißer oder Pedanten nennen. Er war ein Mann mit reifer Erfahrung, ein vollwertiger Mann, dem man nicht schmeicheln konnte und der sich selbst genauso gut beherrschte wie andere. Ich beobachtete außerdem, dass er alle wahren Philosophen ehrte, ohne die anderen zu tadeln und ohne sich von ihnen in die Irre führen zu lassen. Seine Umgangsformen waren einfach, seine Unterhaltung angenehm, aber nicht aufdringlich. Er pflegte seinen Körper regelmäßig, aber mäßig, weder als jemand, der das Leben oder die Zierde seiner Person zu sehr liebte, noch als jemand, der diese Dinge verachtete. So brauchte er dank seiner eigenen Sorgfalt nur selten Medikamente, weder Salben noch Tränke. Es war sein besonderes Verdienst, dass er jedem, der sich eine besondere Fähigkeit angeeignet hatte, wie z. B. Beredsamkeit oder Gelehrsamkeit im Gesetz oder in den alten Bräuchen, ohne Neid nachgab. Er achtete sorgfältig auf die alten Bräuche seiner Vorfahren und bewahrte die Sitten seiner Heimat, ohne sich zu verstellen. Er war nicht wankelmütig und launisch und liebte es nicht, den Ort oder die Arbeit zu wechseln. Nach seinen heftigen Kopfschmerzanfällen kehrte er frisch und munter zu seinen gewohnten Tätigkeiten zurück. Geheimnisse hatte er nur wenige, und diese auch nur, wenn es um öffentliche Angelegenheiten ging. Er war diskret und maßvoll, wenn es darum ging, dem Volk etwas vorzuführen, öffentliche Arbeiten zu verrichten, Geld zu spenden und Ähnliches. Bei all diesen Dingen handelte er wie jemand, der nur das Richtige und Angemessene in den Dingen selbst sah und nicht das Ansehen, das sich daraus ergeben könnte. Er badete nie zu unpassenden Zeiten, er war nicht eitel, wenn es ums Bauen ging, er kümmerte sich nicht um das Essen, die Beschaffenheit oder Farbe seiner Kleidung oder die Schönheit seiner Dienerschaft. Seine Kleidung stammte aus Lorium - seinem Dorf an der Küste - und war meist aus Wolle. Es ist bekannt, wie er mit dem Steuereintreiber in Tusculum umging, der ihn um Verzeihung bat, und sein ganzes Verhalten entsprach diesem Verhalten. Er war weit davon entfernt, unmenschlich, unversöhnlich oder gewalttätig zu sein; er tat nie etwas mit einer solchen Schärfe, dass man sagen könnte, er schwitzte darüber, sondern er dachte in allen Dingen klar und deutlich, wie einer, der Muße hat, ruhig, regelmäßig, entschlossen und konsequent. Man kann mit Fug und Recht behaupten, dass Sokrates in der Lage war, sich sowohl zu enthalten, als auch zu genießen, woran es vielen mangelt, die sich als schwach und im Besitz von Gütern als maßlos erweisen. Stark zu sein in der Enthaltsamkeit und maßvoll im Genuss, nüchtern in beidem - das sind die Eigenschaften eines Mannes mit vollkommener und unbesiegbarer Seele, wie die Krankheit des Maximus gezeigt hat.

17. Danke den Göttern für mein gesegnetes Leben

Den Göttern habe ich es zu verdanken, dass ich gute Großväter und Eltern, eine gute Schwester, gute Lehrer, gute Diener, gute Verwandte und Freunde hatte, gute fast alle von ihnen. Ich muss ihnen danken, dass ich nie einen von ihnen durch Eile und Unbesonnenheit beleidigt habe, obwohl mein Temperament mich dazu hätte verleiten können, wenn sich die Gelegenheit geboten hätte. Aber durch ihre Güte kam es nicht zu einem Zusammentreffen von Umständen, die meine Schwäche hätten aufdecken können. Ich bin auch dankbar dafür, dass ich nicht länger mit der Konkubine meines Großvaters aufgewachsen bin, dass ich meine Bescheidenheit bewahrt und mich sogar länger als nötig von den Freuden der Liebe ferngehalten habe. Es war den Göttern zu verdanken, dass ich unter der Herrschaft eines solchen Fürsten und Vaters lebte, der es verstand, mir all den eitlen Ruhm zu nehmen und mich davon zu überzeugen, dass es für einen Fürsten nicht unmöglich ist, an einem Hof ohne Wachen, prächtige Kostüme, Fackeln, Statuen oder ähnlichen Prunk zu leben, sondern dass er sich fast auf den Zustand eines gewöhnlichen Bürgers reduzieren kann und dennoch nicht geizig oder nachlässig in öffentlichen Angelegenheiten wird, die Macht und Autorität erfordern. Ich danke den Göttern, dass ich einen Bruder hatte, der mich durch seine Art dazu brachte, für mich selbst zu sorgen, und der mich gleichzeitig durch seine Achtung und Liebe erfreute. Ich danke ihnen, dass meine Kinder weder von Natur aus gut veranlagt noch körperlich missgebildet waren. Ich verdanke es ihrer guten Führung, dass ich keine größeren Fortschritte in Rhetorik und Poesie und in anderen Studien machte, die meinen Geist hätten fesseln können, wenn ich darin erfolgreich gewesen wäre. Durch die Gnade der Götter kam ich den Wünschen derer, von denen ich erzogen wurde, zuvor, indem ich sie zu den Würden beförderte, die sie am meisten zu begehren schienen; und ich vertröstete sie nicht mit der Hoffnung, dass ich es später tun würde, da sie noch jung waren. Ich verdanke es den Göttern, dass ich Apollonius, Rusticus und Maximus kennengelernt habe und dass ich oft und ausgiebig Gelegenheit hatte, mit mir selbst zu meditieren und zu erforschen, was das wahre Leben nach der Natur ist. Und soweit es in der Macht der Götter liegt, mir Ratschläge, Hilfe oder Inspiration zu geben, spricht nichts dagegen, dass ich dieses Leben bereits verwirklicht habe. Ich habe es aus eigenem Verschulden nicht erreicht, weil ich nicht auf die inneren Mahnungen und fast direkten Anweisungen der Götter geachtet habe, denen ich es verdanke, dass mein Körper die Strapazen eines solchen Lebens so lange ausgehalten hat. Dank ihrer Güte hatte ich weder mit Benedicta noch mit Theodotus zu tun; und als ich danach in einige törichte Leidenschaften verfiel, wurde ich bald geheilt. Ich bin dankbar dafür, dass ich Rusticus, obwohl ich mich oft über ihn geärgert habe, nie etwas angetan habe, was ich später bereuen könnte; dass meine Mutter, obwohl sie jung sterben musste, ihre letzten Jahre bei mir verbrachte; dass ich, wann immer ich jemandem helfen wollte, der arm oder in Not war, nie die Antwort erhielt, es sei nicht genug Geld da, und dass ich selbst nie der Hilfe anderer bedurfte. Ich muss auch dankbar sein, dass ich eine so gehorsame, liebevolle und einfallsreiche Frau habe und dass ich die Wahl zwischen geeigneten und fähigen Männern hatte, denen ich die Erziehung meiner Kinder anvertrauen konnte. Ich habe göttliche Hilfe in Träumen erhalten, zum Beispiel, wie ich mein Blutspucken stoppen und meine Schwindelanfälle heilen kann;

dieses Glück wurde mir in Caieta zuteil. Die Götter wachten auch über mich, als ich mich zum ersten Mal der Philosophie zuwandte. Denn ich fiel keinem Sophisten in die Hände, saß nicht über vielen Bänden und widmete mich nicht dem Lösen von Syllogismen oder dem Betrachten der Sterne. Damit all diese Dinge so gut gelingen konnten, bedurfte es sowohl der Hilfe des Schicksals als auch der Hilfe der Götter.

BUCH 2

— Entdecke ein sinnvolles Dasein

Machen Sie das Beste aus jedem Moment und nehmen Sie Ihr Leben in die Hand. Es ist wichtig, sich von unmoralischem Verhalten fernzuhalten und das Leben anzunehmen, statt den Tod zu fürchten. In der Gegenwart zu leben und sich die Zeit zu nehmen, die Überzeugungen und Annahmen anderer zu verstehen, kann Ihnen helfen, Einsicht und Gelassenheit zu erlangen. Wenn Sie diese Grundsätze beherzigen, können Sie in Ihrem täglichen Leben ein größeres Gefühl von Sinn und Zufriedenheit finden.

1. Das Wesen des Guten und des Bösen: Eine Reflexion über die Natur der Menschen

Sage am Morgen Folgendes: Heute werde ich es mit Querulanten, Undankbaren, Unverschämten, Verschlagenen, Neidern und Egoisten zu tun haben. All diese Laster haben sie befallen, weil sie nicht wissen, was gut und böse ist. Aber ich habe das Wesen des Guten betrachtet und es schön gefunden; ich habe das Wesen des Bösen gesehen und fand es hässlich. Ich verstehe auch das Wesen des Bösen und weiß, dass er mein Bruder ist, nicht weil er das gleiche Blut oder denselben Samen mit mir teilt, sondern weil er den gleichen Geist und den gleichen Teil der Unsterblichkeit hat. Deshalb kann mich nichts verletzen, denn nichts davon kann mich in irgendeine Niedertracht verwickeln. Ich kann meinem Bruder nicht böse sein oder mich von ihm trennen, denn wir sind von Natur aus dazu geschaffen, uns gegenseitig zu helfen, wie die Füße, die Hände, die Augenlider, die oberen und unteren Zahnreihen. Es ist gegen die Natur, dass Menschen sich bekämpfen; und was ist sonst noch Zorn und Abneigung?

2. Die Wichtigkeit der Selbstreflexion und Akzeptanz des eigenen Schicksals

Alles, was ich bin, ist entweder Fleisch, Atem oder der herrschende Teil. Wirf deine Bücher von dir; lenke dich nicht mehr ab; denn du hast kein Recht dazu. Wie jemand, der kurz vor dem Tod steht, verachte dieses Fleisch, diese verderblichen Knochen und das Blut, dieses Geflecht aus Nerven, Venen und Arterien. Bedenke auch, was der Atem ist - reine Luft, die sich ständig verändert, die jeden Moment ausgestoßen und wieder eingeatmet wird. Der dritte Teil ist der herrschende Teil. Achte darauf, dass er jetzt, wo du alt bist, nicht länger unterwürfig bleibt und nicht mehr wie eine Marionette von jedem egoistischen Impuls hin- und hergezogen wird. Bedauere nicht mehr, was das Schicksal dir jetzt schickt, und fürchte dich nicht vor dem, was dir in Zukunft widerfahren könnte.

3. Der Zusammenhang zwischen Vorsehung und Natur

Was auch immer die Götter anordnen, ist voller weiser Voraussicht. Das Wirken des Zufalls steht nicht losgelöst von der Natur und nicht ohne Verbindung und Zusammenhang mit den Plänen der Vorsehung. Die Vorsehung ist die Quelle aller Dinge, und außerdem gibt es die Notwendigkeit und den Nutzen des Universums, von dem du ein Teil bist. Denn für jeden Teil eines Wesens ist das gut, was aus der Natur des Ganzen entspringt und zu seiner Erhaltung beiträgt. Die Ordnung der Natur wird in den Veränderungen der Elemente ebenso bewahrt wie in den Veränderungen der zusammengesetzten Dinge. Das soll dir genügen und dein Glaube soll unveränderlich sein. Lege den Durst nach Büchern von dir ab, damit du nicht murrend stirbst, sondern sanftmütig und mit wahrer und herzlicher Dankbarkeit gegenüber den Göttern.

4. Das Erwachen der eigenen Bestimmung: Das Universum erkennen und Teil davon sein

Denke an dein langes Zögern und an die vielen Gelegenheiten, die dir die Götter gegeben, aber ungenutzt gelassen haben. Es ist höchste Zeit, das Universum zu verstehen, von dem du ein Teil bist, und den Herrscher dieses Universums, von dem du ein Emanation bist.

5. Die Grundsätze für ein reibungsloses und gottesfürchtiges Leben

Bemühe dich stündlich und ernsthaft, als Römer und Mensch das zu tun, was dir in die Hand fällt, mit vollkommener, ungekünstelter Würde, mit Freundlichkeit, Freiheit und Gerechtigkeit, und befreie deine Seele von jeder anderen Vorstellung. Das wirst du erreichen, wenn du jede Handlung so ausführst, als wäre es deine letzte, ohne Willkür oder leidenschaftliche Abneigung gegen das, was die Vernunft gutheißt, ohne Heuchelei oder Selbstsucht oder Unzufriedenheit mit den Entscheidungen der Vorsehung. Du siehst, wie wenige Dinge man beherrschen muss, um ein reibungsloses und gottesfürchtiges Leben zu führen. Denn wer sich an diese Grundsätze hält, von dem verlangen die Götter nichts weiter.

6. Die Kostbarkeit des eigenen Selbst

Mach weiter, mach weiter, meine Seele, um dich selbst zu beleidigen und zu entehren! Die Zeit, die dir bleibt, um dich zu ehren, wird nicht lang sein. Das Leben eines jeden Menschen ist kurz, und deines ist fast verbraucht. Du hast es verbraucht, weil du nicht dich selbst ehrst, sondern dein Glück in den Seelen anderer Menschen suchst.

7. Tipps zur Fokussierung und Zielerreichung

Sorgen von außen lenken dich ab: Nimm dir also die Zeit, etwas Gutes zu deinem Wissen hinzuzufügen; mach Schluss mit der Unentschlossenheit und vermeide den anderen Fehler. Denn Trödler sind auch die, die durch ihre Aktivitäten das Leben ermüden und kein festes Ziel haben, auf das sie ein für alle Mal alle ihre Wünsche und Vorhaben ausrichten können.

8. Die Bedeutung der Selbstbeobachtung für Glück und Unglück

Selten ist jemand unglücklich, weil er nicht beobachtet, was in den Köpfen der anderen vorgeht. Aber wer die Regungen seiner eigenen Seele nicht gut beobachtet, muss zwangsläufig unglücklich sein.

9. Die Verbindung zwischen unserem Wesen und der Natur des Universums

Erinnere dich immer daran, was die Natur des Universums ist, was deine eigene Natur ist und wie beides miteinander verbunden ist - das eine mit dem anderen. Denke daran, dass deine Eigenschaften ein Teil der Eigenschaften des Ganzen sind und dass dich niemand daran hindern kann, immer im Einklang mit der Natur zu sprechen und zu handeln, von der du ein Teil bist.

10. Vergleich der Verbrechen aus Lust und Leidenschaft

Wenn Theophrastus die Verbrechen miteinander vergleicht, so wie sie nach allgemeiner Auffassung verglichen werden können, macht er die wahre philosophische Unterscheidung, dass diejenigen, die aus Vergnügungsgründen begangen werden, abscheulicher sind als diejenigen, die auf Leidenschaft zurückzuführen sind. Denn derjenige, der der Leidenschaft zum Opfer fällt, wird durch einen Krampf und eine Erschütterung, die ihn unvorbereitet trifft, eindeutig von der Vernunft abgewandt. Derjenige aber, der aus Begierde sündigt, wird von der Lust besiegt und erscheint so in seinem Laster unzüchtiger und verweichlichter. Mit Recht und in einem wahrhaft philosophischen Geist sagt er also, dass die Sünde um der Lust willen böser ist als die Sünde, die auf Schmerz zurückzuführen ist. Denn der letztere Sünder hat sich versündigt und wurde durch sein Unrecht zur Leidenschaft getrieben, während der erstere aus eigenem Antrieb sündigte und von seiner eigenen Lust zu Untaten verleitet wurde.

11. Das Leben und die Götter: Eine Betrachtung der menschlichen Existenz

Tu jede Tat, sprich jedes Wort, denke jeden Gedanken in dem Bewusstsein, dass deine Tage jeden Moment enden können. Von den Menschen wegzugehen, wenn es wirklich Götter gibt, ist nichts Schreckliches. Die Götter können nichts Böses über dich bringen. Und wenn es keine Götter gibt oder wenn sie sich nicht um die menschlichen Angelegenheiten kümmern, warum sollte ich dann in einer Welt ohne Götter und ohne Vorsehung leben wollen? Aber es gibt Götter, und sie kümmern sich um die Angelegenheiten der Menschen; und sie haben es ganz in die Hand des Menschen gelegt, dass er nicht in das wahrhaft Böse fällt. Und wenn andere Dinge schlecht wären, hätten sie auch dafür gesorgt, dass der Mensch die Macht hat, sie ganz zu vermeiden. Denn wie kann etwas, das Leben eines Menschen verschlimmern, das ihn nicht selbst verdirbt? Die herrschende Natur konnte es nicht aus Unwissenheit oder aus Unwissenheit unterlassen, diese Dinge zu verhindern oder zu korrigieren. Sie konnte uns nicht so sehr im Stich lassen, dass aus Mangel an Macht oder Geschick das Gute und das Böse gleichermaßen den guten und den schlechten Menschen widerfährt. Tod und Leben, Ruhm und Schande, Schmerz und Freude, Reichtum und Armut - all das widerfährt den Guten und den Bösen gleichermaßen. Aber da sie weder ehrenhaft noch schändlich sind, sind sie auch nicht gut oder böse.

12. Die Vergänglichkeit der Dinge und der Weg zu Gott

Es ist die Aufgabe unserer Vernunft, zu erkennen, wie schnell alle Dinge verschwinden, wie die körperlichen Formen von der materiellen Welt verschlungen werden und die Erinnerung an sie von der Flut der Zeitalter. Das sind alle sinnlichen Dinge, vor allem die, die uns mit Freude umgarnen oder mit Schmerz erschrecken, oder die, die uns die Eitelkeit in die Ohren trompetet. Wie gemein, wie verachtenswert, wie schäbig, wie vergänglich, wie tot sind sie! Was sind die, deren Meinungen und Stimmen uns Ruhm einbringen? Was ist es, zu sterben? Dein Verstand kann dir sagen, dass ein Mensch, der allein darüber nachdenkt und es bei näherer

Betrachtung seiner grausigen Hülle entkleidet, es nicht mehr als ein Werk der Natur ansehen würde. Es ist kindisch, sich vor einem Werk der Natur zu fürchten, und das ist in der Tat nicht nur das Werk der Natur, sondern ihr auch zuträglich. Deine Vernunft sagt dir, wie der Mensch zu Gott gelangt und durch welchen Teil und in welchem Zustand dieser Teil ist, wenn er zu ihm gelangt ist.

13. Die wahre Verehrung der Gottheit und die Verstrickungen der Menschen

Nichts, sagt der Dichter, ist elender, als alles zu erforschen, in die Tiefen der Erde zu spähen und durch Vermutungen die Seelen der Menschen um uns herum zu erforschen, ohne zu erkennen, dass es für einen Menschen ausreicht, sich der Gottheit in seinem Inneren zu widmen und ihr echte Verehrung zu erweisen. Und diese Verehrung besteht darin, sie von jeder Leidenschaft und Torheit rein zu halten und sich nicht über alles zu ärgern, was von Göttern oder Menschen getan wird. Das Werk der Götter soll wegen seiner Vorzüglichkeit verehrt werden. Die Werke der Menschen sollen um des Bandes der Verwandtschaft willen geliebt oder, wie wir sie manchmal bemitleiden müssen, wegen ihres Mangels an Erkenntnis von Gut und Böse bedauert werden. Und die Menschen sind durch diesen Mangel nicht weniger verkrüppelt als durch ihre Unfähigkeit, Weiß von Schwarz zu unterscheiden.

14. Das Leben im gegenwärtigen Augenblick

Auch wenn ihr dreitausend Ohren oder ebenso viele Myriaden leben solltet, denkt daran, dass kein Mensch ein anderes Leben verliert als das, das er jetzt lebt, noch lebt er ein anderes als das, das er jetzt verliert. Das längste und das kürzeste Leben laufen auf dasselbe hinaus. Der gegenwärtige Augenblick ist für alle Menschen derselbe, und ihr Verlust ist daher derselbe, denn es ist klar, dass das, was sie im Tod verlieren, nur ein flüchtiger Augenblick der Zeit ist. Niemand kann weder die Vergangenheit noch die Zukunft verlieren, denn wie kann man etwas verlieren, das man nicht hat? Wir müssen uns also an diese beiden Dinge erinnern: Erstens, dass sich alle Dinge in Zyklen wiederholen und von Ewigkeit zu Ewigkeit gleich sind, und dass es daher keine Rolle spielt, ob ein

Mensch hundert Jahre lang, zweihundert Jahre lang oder unendlich lange über dieselben Dinge nachdenkt. Der gegenwärtige Augenblick ist alles, was einem von beiden genommen wird, denn das ist alles, was er hat. Niemand kann dessen beraubt werden, was er nicht hat.

15. Die Bedeutung der Meinung in der Philosophie des Monimus

Über die Meinung hinaus gibt es nichts. Die Einwände gegen diesen Spruch von Monimus dem Kyniker sind offensichtlich. Aber auch die Nützlichkeit seiner Aussage ist offensichtlich, wenn man seine Nettigkeit so weit akzeptiert, wie es die Wahrheit zulässt.

16. Der Umgang mit der eigenen Seele gemäß der Naturgesetze

Die Seele des Menschen entehrt sich selbst, vor allem dann, wenn sie alles daran setzt, ein Auswuchs und gleichsam eine Eiterbeule des Universums zu werden. Sich über ein bestimmtes Ereignis aufzuregen, bedeutet, sich gegen das allgemeine Gesetz der Natur aufzulehnen, das die Ordnung aller Ereignisse umfasst. Auch ist es eine Schande für die Seele, wenn sie eine Abneigung gegen einen Menschen hegt und sich ihm mit der Absicht entgegenstellt, ihn zu verletzen, wie es zornige Menschen tun. Drittens beleidigt sie sich selbst, wenn sie von Lust oder Schmerz überwältigt wird; viertens, wenn sie etwas heuchlerisch, unecht oder falsch tut oder sagt; fünftens, wenn sie all ihre Wünsche und Handlungen nicht auf ein bestimmtes Ziel ausrichtet, sondern sie unüberlegt und ohne Verstand ausübt. Denn selbst die kleinsten Dinge sollten auf ein Ziel ausgerichtet sein, und das Ziel der vernünftigen Wesen ist es, der Ordnung und dem Gesetz des ehrwürdigen Staates und der Politik zu folgen, die sie alle umfasst.

17. Die Philosophie als Wegweiser im Leben

Die Dauer des menschlichen Lebens ist nur ein Augenblick; seine Substanz ist flüchtig, seine Sinne sind stumpf; die Struktur seines Körpers ist vergänglich; die Seele ist nur ein Strudel. Wir können nicht mit Reichtum rechnen oder mit Ruhm abrechnen. Kurz gesagt: Das Leben des Körpers ist nur ein Fluss und das Leben der Seele ein nebliger Traum. Das Leben ist ein Kampf und eine Reise in ein fremdes Land, und das Ende des Ruhmes ist, vergessen zu werden. Was hilft uns also, uns zu orientieren? Eine Sache, und zwar nur eine - die Philosophie. Und diese besteht darin, die Göttlichkeit in uns unversehrt zu halten, über Schmerz und Vergnügen zu siegen, frei von Unbesonnenheit, frei von Falschheit und Heuchelei, unabhängig von dem, was andere tun oder unterlassen, unterwürfig gegenüber dem Schicksal, das der gleichen Quelle entspringt wie wir, und vor allem mit Gleichmut den Tod zu erwarten, der nichts anderes ist als die Auflösung der Elemente, aus denen sich jedes Wesen zusammensetzt. Und wenn den Elementen bei ihrem aufeinanderfolgenden Austausch kein Schaden zugefügt wird, warum sollte man dann bei der Veränderung und Auflösung des Ganzen etwas vermuten? Es ist natürlich, und nichts Natürliches kann böse sein.

BUCH 3

— Erreichen Sie Ihr bestes Leben

Machen Sie sich die Werte zu eigen, die wichtig sind. Übernehmen Sie die Kontrolle über Ihre Zeit und leben Sie zielgerichtet, indem Sie das Beste aus jeder Gelegenheit machen. Schätzen Sie die natürliche Welt um Sie herum und finden Sie einen Sinn in Ihren täglichen Abläufen. Kultivieren Sie Selbstvertrauen und bewahren Sie Integrität, indem Sie stets Ehrlichkeit üben und Betrug meiden. Indem Sie Exzesse vermeiden und regelmäßiger Bewegung Vorrang einräumen, können Sie Zufriedenheit mit dem Sinn des Lebens finden und ein achtsamer und aufmerksamer Verwalter der Umwelt werden.

1. Die Vergänglichkeit des menschlichen Verstandes

Der Mensch muss nicht nur bedenken, dass jeden Tag ein Teil seines Lebens vergeht und ihm immer weniger bleibt, sondern auch, dass es, selbst wenn er länger lebt, sehr ungewiss ist, ob seine Intelligenz wie bisher ausreichen wird, um seine Angelegenheiten zu verstehen und das Wissen zu erfassen, das darauf abzielt, die menschlichen und göttlichen Dinge zu begreifen. Wenn das Alter beginnt, werden ihm Atem, Nahrung, Fantasie, Triebe usw. nicht fehlen. Aber Selbstbeherrschung, genaues Pflichtbewusstsein, die Fähigkeit, zu prüfen, was ihm auffällt, oder sogar zu entscheiden, ob er abreisen soll - all diese Fähigkeiten, die einen gut ausgebildeten Verstand erfordern, müssen in ihm erlöschen. Nicht nur, weil der Tod jeden Tag näher rückt, sondern auch, weil Verstand und Intelligenz uns oft verlassen, bevor wir sterben.

2. Die Schönheit der Unvollkommenheit in der Natur

Beobachte, welche Anmut und welcher Charme selbst in den Unfällen stecken, die das Werk der Natur begleiten. So platzen manche Teile eines Brotlaibs beim Backen auf; und dieses Aufplatzen, obwohl es der Absicht des Bäckers zuwiderläuft, sieht gut aus und regt den Appetit an. Auch Feigen klaffen auf, wenn sie am reifsten sind, und bei reifen Oliven verleiht die nahende Fäulnis den Früchten eine besondere Schönheit. Die hängenden Ähren, die gekrümmten Augenbrauen der Löwen, der Schaum vor dem Maul der Wildschweine und viele andere Dinge sind an sich alles andere als schön, aber da sie die Werke der Natur begleiten, sind sie ein Teil ihrer Zierde und erfreuen den Betrachter. Wenn ein Mensch für solche Dinge empfänglich ist und ein mehr als gewöhnliches Verständnis für die Beschaffenheit des Ganzen hat, wird ihm kaum etwas, das mit der Natur zu tun hat, nicht Freude bereiten, wenn er es versteht. Ein solcher Mensch wird die wilden Kiefer wilder Tiere in der realen Welt mit nicht weniger Vergnügen betrachten, als wenn Bildhauer oder Maler sie ihm vor Augen führen. Mit dem gleichen Vergnügen werden seine keuschen Augen, die Reife und Anmut des Alters bei einem Mann oder einer Frau und die einladenden Reize der Jugend betrachten. Vieles davon wird ihn beeindrucken, Dinge, die nicht für viele glaubhaft sind, sondern nur für den, der mit den Werken der Natur wirklich vertraut und ihrem Herzen nahe ist.

3. Sterblichkeit und das Ende des Lebens

Hippokrates, der viele Krankheiten geheilt hatte, wurde selbst krank und starb. Die Chaldäer sagten die tödlichen Stunden von Scharen voraus, und danach ereilte sie das Schicksal. Alexander, Pompejus und Gaius Caesar, die so oft ganze Städte verwüstet und so viele Myriaden von Pferden und Fußsoldaten in der Schlacht getötet hatten, schieden schließlich selbst aus diesem Leben. Heraklit starb nach seinen vielen Spekulationen über die Feuersbrunst der Welt, von Wasser aufgequollen und mit Kuhmist bedeckt. Ungeziefer tötete Demokrit; Sokrates wurde von Ungeziefer einer anderen Art getötet. Was soll das alles? Du bist an

Bord gegangen, hast deine Reise angetreten, hast den Hafen erreicht. Geh von Bord: Wenn du in ein anderes Leben gehst, wird dort auch Gott sein; wenn du ins Nichts gehst, hast du wenigstens mit dem Ertragen von Schmerz und Vergnügen und mit deiner Sklaverei für dieses Schiff, das so viel gemeiner ist als sein Sklave, abgeschlossen. Denn die Seele ist Intelligenz und Gottheit, der Körper Staub und Verderben.

4. Der Weg zum inneren Frieden und zur Selbstverwirklichung

Verschwende nicht das, was vom Leben übrig bleibt, mit Rücksicht auf andere, wenn es nicht dem Gemeinwohl dient. Sei dir sicher, dass du andere Arbeiten vernachlässigst, wenn du dich mit dem beschäftigst, was ein solcher Mensch tut und warum, mit dem, was er sagt, denkt oder intrigiert. All diese Dinge lenken dich nur davon ab, deine eigene Seele zu hüten. Deshalb solltest du bei jedem Gedankengang alles meiden, was ziellos oder nutzlos ist, und vor allem alles, was aufdringlich oder bösartig ist. Gewöhne dir an, so und nur so zu denken, dass du, wenn dich jemand plötzlich fragt: "Woran denkst du gerade?", sofort und offen antworten kannst: "An das und das." Dann wird deutlich, dass du ganz einfach und freundlich bist, wie es sich für einen Menschen gehört, der sich wenig Gedanken über Vergnügen oder Scheinvergnügen macht, der Streitsucht, Neid oder Misstrauen verschmäht und der keine Leidenschaft hegt, die er sich nicht eingestehen möchte. Denn ein solcher Mensch, der sich endgültig entschlossen hat, fortan zu den Besten zu gehören, ist gleichsam ein Priester und Diener der Götter, der den Geist in sich nutzt, der einen Menschen unbefleckt von Vergnügen, unverletzt von jedem Schmerz, unzugänglich, für jede Beleidigung, unschuldig an allem Bösen bewahrt; ein Kämpfer im edelsten aller Wettkämpfe - dem Kampf um den Sieg über jede Leidenschaft. Er ist von Gerechtigkeit durchdrungen; er begrüßt von ganzem Herzen alles, was ihm widerfährt oder von der Vorsehung bestimmt wird. Er kümmert sich nicht oft oder ohne dringendes öffentliches Bedürfnis darum, was ein anderer sagen, tun oder planen könnte. Er ist nur auf sein eigenes Verhalten bedacht und denkt immer an seinen Anteil am Schicksal des Universums und handelt gut, weil er überzeugt ist, dass sein Anteil gut ist. Denn das Los, das jedem Menschen bestimmt ist, ist Teil des Gesetzes aller Dinge und auch ein Gesetz für ihn. Er vergisst nicht, dass alle vernunftbegabten Wesen gleich sind und dass die Liebe zu allen Menschen zur Natur des Menschen gehört; auch dass wir nicht denken dürfen, wie alle Menschen denken, sondern nur wie diejenigen, die ein Leben führen, das der Natur entspricht. Was diejenigen angeht, die anders leben, so denkt er immer daran, wie sie sich zu Hause und draußen, bei Tag und bei Nacht verhalten und wie und mit wem sie zusammen sind. Und so kann er das Lob solcher Menschen nicht wertschätzen, denn sie genießen nicht ihre eigene Anerkennung.

5. Werde zu einem authentischen und unabhängigen Mann: Lebe nach eigenen Grundsätzen und lass dich von Gott leiten

Sei im Handeln weder widerspenstig noch selbstsüchtig, noch unüberlegt, noch gezwungen. Schmücke dein Denken nicht mit übermäßiger Nettigkeit aus. Sei weder ein Schwätzer noch ein Wichtigtuer. Lass dich von dem Gott in dir leiten wie ein Mann, wie ein Ältester, ein Staatsmann, ein Römer und ein Herrscher, der bereit ist, wie einer, der auf den Abruf aus dem Leben wartet, in Marschordnung zu marschieren; er braucht weder einen Eid noch das Zeugnis eines Menschen. Sei außerdem fröhlich und unabhängig von der Hilfe und dem Frieden, der von anderen kommt; denn es ist die Pflicht eines Mannes, aufrecht zu stehen, sich selbst zu tragen und nicht unterstützt zu werden.

6. Die Wahl des Besten für eine zufriedene Seele

Wenn du im Leben des Menschen etwas Besseres findest als Gerechtigkeit, Wahrheit, Nüchternheit, Mannhaftigkeit, und insgesamt etwas Besseres als die Zufriedenheit deiner Seele mit sich selbst in dem, was dir gegeben ist, der rechten Vernunft zu folgen, und mit dem Schicksal in dem, was jenseits deiner Kontrolle bestimmt ist, dann, sage ich, wenn du etwas Besseres als das findest, dann wende dich mit ganzem Herzen dorthin und genieße es als das Beste, was es zu finden gibt. Wenn dir aber nichts besser erscheint als die Göttlichkeit, die in dir wohnt, die alle deine Triebe besiegt hat, die alle deine Gedanken sichtet, die sich, wie Sokrates sagte, von den Eingebungen des Verstandes losgelöst und Gott und der Liebe zu den Menschen gewidmet hat, dann sieh zu, dass du nichts Anderes in den Vordergrund stellst, das dich ablenken oder davon abbringen könnte, das Gute, das vor allem und ausschließlich dir gehört, hochzuschätzen. Denn es ist uns nicht erlaubt, das, was in der Vernunft oder in der Tat gut ist, durch etwas zu ersetzen, was dem nicht entspricht, wie zum Beispiel das Lob der Vielen, Macht, Reichtum oder das Streben nach Vergnügen. All diese Dinge mögen einen Moment lang zulässig erscheinen, aber bald gewinnen sie die Oberhand und führen uns in die Irre. Du aber, sage ich, wähle offen und frei das Beste und halte dich daran. Das Beste ist das, was zu deinem Vorteil ist. Wenn du dich jetzt für das entscheidest, was zu deinem geistigen Vorteil ist, dann halte daran fest; wenn du dich für das entscheidest, was zu deinem körperlichen Vorteil ist, dann gib zu, dass du dich dafür entschieden hast, und behalte deine Wahl in aller Bescheidenheit. Sieh nur zu, dass du eine sichere Unterscheidung triffst.

7. Das Wertvollste: Den eigenen Glauben und die Ehre bewahren

Schätze niemals einen Vorteil, der dich dazu zwingt, deinen Glauben zu brechen oder deine Ehre zu verletzen, jemanden zu hassen, zu verdächtigen oder zu verachten, eine Rolle zu spielen oder deine Gedanken auf etwas zu richten, das durch eine Mauer oder einen Vorhang verborgen werden muss. Derjenige, der die Seele, die Göttlichkeit in ihm und den heiligen Kult seiner Tugenden allen Dingen vorzieht, macht keinen tragischen Seufzer und keine Geste. Er braucht weder Einsamkeit noch eine Menge von Zuschauern; und das Beste ist, dass er den Tod weder sucht noch scheut. Ob die Seele den sie umgebenden Körper länger oder kürzer nutzen wird, ist ihm gleichgültig. Würde er jetzt gehen, würde er genauso bereitwillig gehen, wie er jede andere sinnvolle und angemessene Handlung tun würde, nur eines würde er ein

Leben lang vermeiden – seine Seele in jedem Fall unpassend für ein intelligentes soziales Wesen zu finden.

8. Der gereinigte Geist: Enthüllungen eines geläuterten Menschen

In der Seele des gezüchtigten und geläuterten Menschen findest du nichts Fauliges, Verdorbenes oder Eiterndes. Das Schicksal schneidet sein Leben nicht vor seinem eigentlichen Ende ab, so wie man es von einem Schauspieler sagen würde, der die Bühne verlässt, bevor seine Rolle zu Ende ist oder er den vorgesehenen Ausgang erreicht hat. Es gibt nichts Unterwürfiges oder Affektiertes, nichts allzu Konventionelles oder Zurückgenommenes, nichts, das Zensur fürchtet oder sich verstecken will.

9. Die Bedeutung des kritischen Denkens und der Meinungsbildung

Halte die Fähigkeit, Meinungen zu bilden, in Ehren. Es hängt allein von diesem Vermögen ab, dass keine Meinung, die deine Seele vertritt, mit der Natur und der Verfassung des vernünftigen Wesens unvereinbar ist. Es sorgt dafür, dass wir keine vorschnellen Urteile fällen, dass wir freundlich zu den Menschen und gehorsam gegenüber den Göttern sind.

10. Die Vergänglichkeit des Lebens und Ruhmes

Wirf also alles andere von dir ab und behalte diese wenigen Dinge bei. Denke auch daran, dass jeder Mensch nur diesen einen Augenblick lebt, der ein flüchtiger Augenblick ist: Der Rest der Zeit ist entweder verbraucht oder völlig unbekannt. Kurz ist die Zeit, die jeder von uns zu leben hat, und klein der Winkel der Erde, in dem er zu leben hat. Kurz ist der längste Nachruhm, der durch eine Reihe von armen Sterblichen bewahrt wird, die bald selbst sterben werden; Menschen, die sich selbst nicht kennen, geschweige denn diejenigen, die vor langer Zeit gestorben sind.

11. Die Kunst des genauen Betrachtens und Bewertens von Dingen

Zu diesen Maximen füge noch diese hinzu. Definiere oder beschreibe jedes Ding, das dir in den Sinn kommt, genau, damit du sehen und unterscheiden kannst, was es in seinem nackten Wesen und was es in seiner Gesamtheit ist; damit du dir den Eigennamen des Dings selbst und die Namen der Teile, aus denen es zusammengesetzt ist und in die es aufgelöst wird, sagen kannst. Nichts macht den Verstand größer als die Fähigkeit, alle Dinge zu erforschen, die sich im Leben zeigen; und während du sie untersuchst, überlegst du gleichzeitig, wie das Universum beschaffen ist und welche Funktion diese Dinge darin haben, welche Bedeutung sie für das Ganze haben und welche für den Menschen, der ein Bürger dieser höchsten Stadt ist, von der alle anderen Städte nur Haushalte sind. Überlege, was die Sache ist, die jetzt auf dich wirkt, woraus sie besteht und wie lange sie Bestand haben wird. Überlege auch, welche Tugenden es verlangt, sei es Sanftmut, Mut, Wahrhaftigkeit, Treue, Einfachheit, Unabhängigkeit oder etwas anderes. Sage also zu jedem Ereignis: "Das kommt von Gott" oder "Das kommt von der Verbindung und Verflechtung der Schicksalsstränge oder von irgendeinem Zufall oder Risiko dieser Art" oder "Das kommt von einem aus meinem eigenen Stamm, von meinem Verwandten, von meinem Freund. Er weiß zwar nicht, was der Natur entspricht, aber ich nicht, und deshalb werde ich ihn freundlich und gerecht behandeln, wie es dem natürlichen und sozialen Gesetz entspricht. Was die gleichgültigen Dinge angeht, so bemühe ich mich, sie nach ihrem Wert zu bewerten."

12. Erfüllung der gegenwärtigen Pflicht mit Aufrichtigkeit und Gehorsam

Wenn du deine gegenwärtige Pflicht mit festem und eifrigem, aber freundlichem Gehorsam gegenüber den Gesetzen der Vernunft erfüllst; wenn du keinen Nebenverdienst im Auge hast, sondern deinen unsterblichen Teil in dir rein hältst, als wärst du verpflichtet, ihn sofort dem zurückzugeben, der ihn dir gegeben hat; wenn du daran ohne weitere Wünsche oder Abneigungen festhältst und dich mit der natürlichen Erfüllung deiner gegenwärtigen Aufgabe und mit der heldenhaften Aufrichtigkeit all deiner Worte und Äußerungen zufriedengibst, wirst du gut leben. Und daran kann dich niemand hindern.

13. Die Vermittlung zwischen Göttlichem und Menschlichem: Die Grundprinzipien des Verständnisses und der Verbindung

So wie Chirurgen immer ihre Messer und Instrumente für die plötzlichen Notfälle ihrer Kunst zur Hand haben, so hältst du die Grundsätze bereit, die nötig sind, um die göttlichen und menschlichen Dinge zu verstehen und alle Dinge, auch die unwichtigsten, im Gedenken an die Verbindung zwischen beiden zu tun. Denn wenn du das vernachlässigst, vernachlässigst du deine Pflicht gegenüber den Göttern und den Menschen.

14. Der Weg zu deinem eigentlichen Ziel

Hör auf zu wandern, denn du hast keine Lust, deine eigenen Memoiren zu lesen oder die Taten der alten Griechen und Römer oder die Sammlungen aus den Schriften anderer, die du für dein Alter aufbewahrt hast. Eile also zu deinem eigentlichen Ziel. Wirf eitle Hoffnungen über Bord, und wenn du dich um dich selbst sorgst, dann flieh zu deinem eigenen Schutz, solange du noch kannst.

15. Das Verständnis der verborgenen Bedeutungen in Worten

Die Menschen verstehen nicht alles, was mit den Worten gemeint ist - stehlen, säen, kaufen, ruhen, sehen, was zu tun ist. Denn es ist nicht das leibliche Auge, sondern eine andere Art des Sehens, das diese Dinge erkennen muss.

16. Die besondere Eigenschaft des guten Menschen: Mit Freude auf alles reagieren und der wahren Bestimmung folgen

Wir haben einen Körper, eine Seele und einen Verstand. Zum Körper gehören die Sinne, zur Seele die Leidenschaften, zum Verstand die Prinzipien. Die Tiere auf dem Feld sind nicht weniger von den Sinneseindrücken betroffen als wir. Dass wir von Stürmen der Leidenschaft beeinflusst werden, haben wir mit den wilden Tieren, mit den verweichlichten Schurken, mit Nero und Phalaris gemeinsam. Und dass wir einen Verstand besitzen, der uns zu dem führt, was uns angemessen erscheint, teilen wir mit Atheisten,

Landesverrätern und solchen, die ihre Türen schließen und sündigen. Wenn also alles andere gemeinsam ist, wie wir gesehen haben, bleibt dem guten Menschen noch diese besondere Eigenschaft: alles, was geschieht oder angeordnet wird, mit Freude zu begrüßen, die in seiner Brust thronende Gottheit nicht zu verunreinigen, sie nicht mit einer Menge von Bildern zu stören, sondern sie in Ruhe zu bewahren und ihr wie einem Gott zu gehorchen: die Wahrheit in allem, was er sagt, und die Gerechtigkeit in jedem seiner Handlungen zu beachten. Auch wenn andere nicht glauben, dass er so in Einfachheit, Bescheidenheit und Zufriedenheit lebt, nimmt er niemandem diesen Unglauben übel und verlässt auch nicht den Weg, der zum wahren Ende des Lebens führt, an dem er rein, ruhig und bereit zum Abschied ankommen und sich ohne Zwang in sein Schicksal fügen sollte.

BUCH 4

— Die innere Stärke nutzen

Um die Herausforderungen des Lebens zu meistern, müssen wir zunächst ein inneres Fundament kultivieren. Das bedeutet, uns und unsere Umstände zu akzeptieren und die innere Stärke zu finden, um Widrigkeiten mit Vernunft und Widerstandskraft zu begegnen. Indem wir unser Leben vereinfachen und uns auf die Gegenwart konzentrieren, können wir Ziele effektiver verfolgen und Zufriedenheit finden. Es ist auch wichtig, anderen gegenüber freundlich zu sein und Leidenschaften mit Zielstrebigkeit und Tatkraft zu verfolgen. Letztendlich müssen wir uns daran erinnern, dass die Zeit auf Erde kurz ist, und es liegt an uns, das Beste daraus zu machen. Indem wir uns die Weite des Universums und unseren Platz darin bewusst machen, können wir Motivation finden, Träume zu verfolgen und Leben in vollen Zügen zu leben.

1. Die Macht der Natur: Anpassungsfähigkeit und Stärke

Die Kraft, die in uns herrscht, wenn sie im Einklang mit der Natur ist, wirkt bei jedem Ereignis so, dass sie sich leicht an alle gegenwärtigen oder möglichen Situationen anpasst. Sie braucht kein bestimmtes Material, um zu arbeiten, sondern nur den Anstoß, um weiterzumachen, und macht aus jedem Widerstand Stoff für ihre Aktivitäten. So wie ein Feuer das meistert, was man ihm hinwirft, und obwohl eine kleine Flamme schon erloschen wäre, macht sich deine große Flamme den hinzugefügten Brennstoff schnell zu eigen, verzehrt ihn und wird dadurch mächtiger.

2. Prinzipientreues Handeln: Keine Willkür oder Abweichung

Handle nie willkürlich oder anders als in völliger Übereinstimmung mit den Prinzipien, um die es geht.

3. Ruhe und Rückzug: Eine Lehre für die Seele

Die Menschen ziehen sich auf dem Land, am Meer oder in den Bergen zurück; auch du sehnst dich oft nach solchen Ablenkungen. Doch das ist eine große Torheit, denn du kannst dich zu jeder beliebigen Zeit in dich selbst zurückziehen. Nirgendwo kann ein Mensch einen ruhigeren Rückzugsort und mehr Muße finden als in seiner eigenen Seele; vor allem, wenn es in ihr etwas gibt, auf das er, wenn er nur hinschaut, sofort zur Ruhe kommt. Und Ruhe ist meiner Meinung nach nichts anderes als die vollkommene Ordnung der Seele. Gönne dir also immer wieder diesen Rückzug und erneuere dich so. Halte auch kurze und grundlegende Gedanken parat, die dir leicht einfallen können und die ausreichen, um das unharmonische Geschrei der Welt auszublenden und dich zurückkehren zu lassen, ohne dich über die Aufgabe zu ärgern, zu der du zurückkehrst. Denn worüber regst du dich auf? Über die Schlechtigkeit der Menschen. Erinnere dich an die Maxime, dass alle denkenden Wesen füreinander geschaffen sind, dass es Teil der Gerechtigkeit ist, sie zu ertragen, und dass sie nichts für ihre Sünde können. Erinnere dich daran, wie viele von denen, die in Feindschaft, Misstrauen und Hass lebten, auf ihren Scheiterhaufen gelegt und zu Asche wurden. Denke daran, und höre auf zu klagen. Ist es dein Anteil am Schicksal der Welt, der dich quält? Sei ruhig und erinnere dich an die Alternative: "Entweder lenkt die Vorsehung die Welt, oder es gibt nichts als ungelenkte Atome", und erinnere dich an die vielen Beweise dafür, dass das Universum gleichsam ein Zustand ist. Haben die Krankheiten des Körpers immer noch die Macht, dich zu berühren? Denke daran, dass der Geist, wenn er sich einmal in sich selbst zurückgezogen hat und sich seiner eigenen Macht bewusst ist, sich nicht mehr um die Bewegungen des atmenden Körpers kümmert, seien sie nun rau oder glatt. Erinnere dich auch an all das, was du über Schmerz und

Vergnügen gehört und zugestimmt hast. Lässt du dich von dem armen Ding namens Ruhm ablenken? Denke daran, wie schnell alle Dinge vergessen sind. Sieh dir das Chaos der Ewigkeit an, das uns auf beiden Seiten umgibt. Denk daran, wie leer das laute Echo des Beifalls ist; wie wankelmütig und wie wenig urteilsfähig diejenigen sind, die uns zu loben scheinen, und wie eng die Grenzen sind, innerhalb derer sich ihr Lob bewegt. Die ganze Erde ist nur ein Punkt im Universum; wie klein ist eine Ecke davon, und selbst dort sind die, die uns loben sollen, nur wenige und von geringem Wert! Denke also daran, dass es für dich immer einen Rückzug in das kleine Feld im Inneren gibt. Und vor allem: Lass dich nicht aus der Ruhe bringen und überanstrenge dich nicht. Halte an deiner Freiheit fest: Betrachte alle Dinge als mutiger Mann, als Mensch, als Bürger, als Sterblicher. Unter den Grundsätzen, auf die du achtest, sind diese beiden am wichtigsten: Erstens: Äußere Dinge berühren die Seele nicht, sondern bleiben außen machtlos; und alle Schwierigkeiten kommen von dem, was wir innerlich über sie denken. Zweitens: Alle sichtbaren Dinge verändern sich in einem Augenblick und sind dann für immer verschwunden. Erinnere dich an all die Veränderungen, deren Zeuge du selbst gewesen bist. Die Welt ist eine Abfolge von Veränderungen: Das Leben ist nur ein Gedanke.

4. Die gemeinsame Quelle unserer Vernunft und Kraft

Wenn der Verstand uns allen gemeinsam ist, dann ist auch die Vernunft, aufgrund derer wir vernünftig sind, gemeinsam; ebenso die Kraft, die uns gebietet, zu tun oder zu lassen. Deshalb haben wir alle ein gemeinsames Gesetz; und wenn das so ist, sind wir Mitbürger und Mitglieder eines gemeinsamen Gemeinwesens. Das Universum muss also in gewisser Weise ein Staat sein, denn von welchem anderen gemeinsamen Gemeinwesen könnte man sagen, dass alle Menschen Mitglieder sind? Von diesem gemeinsamen Staat leiten wir also unsere intellektuelle Kraft, unsere Vernunft und unser Recht ab; oder woher leiten wir sie ab? Denn was in mir erdig ist, kommt von der Erde, meine Feuchtigkeit von einem anderen Element, mein Atem und alles, was warm oder feurig ist, von ihren eigenen Quellen. Und da nichts aus dem Nichts entstehen oder dorthin zurückkehren kann, hat auch mein geistiger Teil eine Quelle.

5. Die mysteriöse Verbindung von Tod und Geburt in der Natur

Der Tod ist wie die Geburt ein Mysterium der Natur; das eine ist eine Zusammenfügung von Elementen, das andere eine Auflösung in dasselbe. In beiden Fällen gibt es nichts Schändliches oder etwas, das gegen die Natur des vernunftbegabten Tieres oder gegen das Gesetz seiner Verfassung verstößt.

6. Das Schicksal und das Vergessen

Es ist Schicksal, dass solche Taten von solchen Menschen kommen. Wer es anders haben will, würde Feigen ohne Saft essen. Auch das solltest du bedenken: In kurzer Zeit müsst ihr beide sterben, und wenig später wird nicht einmal mehr der Name von beiden übrig bleiben.

7. Die Macht des Gedankens: Unterdrücke ihn, um Verletzungen zu überwinden

Unterdrücke der Gedanken; und der Schrei "Ich bin verletzt!" ist weg. Unterdrücke "Ich bin verletzt!" und du unterdrückst die Verletzung.

8. Die Auswirkungen der Vergangenheit auf das Leben eines Menschen

Was einen Menschen nicht schlechter macht, als er war, macht sein Leben nicht schlechter, noch verletzt es ihn außen oder innen.

9. Das Gesetz des Nutzens in Aktion

Das Gesetz des Nutzens muss so wirken.

10. Die Bedeutung von richtigem Handeln und dem Ziel des Guten

Alles, was geschieht, geschieht richtig: Das wirst du feststellen, wenn du genau hinschaust. Ich meine nicht nur nach einer natürlichen Ordnung, sondern nach unserer Vorstellung von Gerechtigkeit und sozusagen durch das Handeln eines Menschen, der nach Verdienst verteilt. Beobachte also weiter, wie du begonnen hast, und was immer du tust, lass dein Ziel das Gute sein, das Gute, wie es richtig verstanden wird. Halte dich bei jeder Handlung daran.

11. Die Wahrheit über die eigene Bewertungskraft

Denke nicht so, wie dein Beleidiger urteilt oder wie er will, dass du urteilst, sondern sieh die Dinge so, wie sie wirklich sind.

12. Bereitschaft zu Vernunft und Veränderung in unserem Handeln

Für zwei Dinge sei immer bereit: Erstens, nur das zu tun, was die Vernunft, das souveräne und gesetzgebende Vermögen, zum Wohle der Menschheit vorschlägt: Zweitens, deinen Kurs zu ändern, wenn du jemandem begegnest, der deine Meinung korrigieren und ändern kann. Die Änderung soll aber nur dann erfolgen, wenn du wirklich glaubst, dass sie im Interesse der Gerechtigkeit oder des Gemeinwohls liegt, und nicht, um dir selbst einen Gefallen zu tun oder Ruhm zu ernten.

13. Die Bedeutung der Vernunft im Alltag

Hast du Vernunft? Ich schon. Warum benutzt du sie dann nicht? Wenn sie ihren Zweck erfüllt, was willst du dann noch?

14. Die Verbundenheit des Individuums mit dem Ganzen

Du existierst als Teil eines Ganzen. Du wirst wieder in dem verschwinden, was dich hervorgebracht hat; oder besser gesagt, du wirst dich verändern und wieder in die produktive Intelligenz aufgenommen werden.

15. Das Gleichgewicht der Weihrauchkörner auf dem Altar

Viele Weihrauchkörner werden auf denselben Altar gelegt. Eines fällt bald, ein anderes später. Das macht keinen Unterschied.

16. Die Rückkehr zur Moral und Vernunft: Eine göttliche Verwandlung

Wenn du innerhalb von zehn Tagen zur Einhaltung der moralischen Grundsätze und zum Kult der Vernunft zurückkehrst, wirst du denen, die dich jetzt für ein wildes Tier oder einen Affen halten, wie ein Gott erscheinen.

17. Lebe jeden Tag bewusst: Das Schicksal als Ansporn, Gutes zu tun

Ordne dein Leben nicht so, als hättest du zehntausend Jahre zu leben. Das Schicksal hängt über dir. Solange du lebst, solange du noch kannst, sei gut.

18. Die Freiheit in der Selbstachtung

Wie viel gewinnt derjenige an Muße, der nicht darauf achtet, was seine Nachbarn sagen, tun oder vorhaben, sondern nur darauf achtet, wie seine eigenen Handlungen gerecht und heilig sind, der nicht, wie Agathon sagt, auf das moralische Beispiel anderer schaut, sondern einen geraden Weg geht und niemals davon abweicht.

19. Die Vergänglichkeit des Ruhms im Leben und die Bedeutung der eigenen Erinnerung

Wer sich um den Ruhm sorgt, der nach ihm leben soll, bedenkt nicht, dass jeder von denen, die sich an ihn erinnern, sehr bald selbst sterben muss, und danach auch die nachfolgende Generation, bis jede Erinnerung an ihn, die von aufgeregten und flüchtigen Verehrern weitergegeben wird, völlig vergeht. Stell dir vor, dein Gedächtnis wäre unsterblich und die, die es bewahren, unsterblich; doch was bedeutet das für dich? Ich frage nicht, was das für die Toten bedeutet. Aber was nützt den Lebenden das Lob, wenn es ihnen keinen Nutzen bringt? Und nun gibst du auf, was die Natur dir in die Hand gegeben hat, um deine Hoffnungen auf den Bericht anderer zu setzen.

20. Die innere Schönheit und ihre Unabhängigkeit von Lob und Anerkennung

Was auch immer schön ist, ist in sich selbst schön. Seine Schönheit endet dort, und Lob hat keinen Anteil daran. Nichts ist besser oder schlechter, wenn es gelobt wird, und das gilt auch für das, was nach allgemeiner Auffassung schön ist: für materielle Formen und Kunstwerke. Wahre Schönheit braucht also nichts, was über sie selbst hinausgeht, genauso wenig wie Recht, Wahrheit, Güte oder Ehre. Denn keines von ihnen erhält eine einzige Gnade durch Lob oder einen Makel durch Tadel. Verliert der Smaragd seine Tugend, wenn man ihn nicht lobt? Kann man Gold, Elfenbein oder Purpur, eine Leier oder einen Dolch, eine Blume oder einen Strauch herabsetzen, wenn man sie nicht lobt?

21. Die Beziehung zwischen Seelen und der Materie

Wenn unsere Seelen uns überleben, wie, fragst du, hat die Luft sie von Ewigkeit her enthalten? Wie, antworte ich, enthält die Erde so viele Leichen, die während einer so langen Zeit begraben wurden? So wie sich Leichen, nachdem sie eine Weile in der Erde verblieben sind, verändern und aufgelöst werden, um Platz für andere zu machen, so bleiben auch die Seelen, die in die Luft entlassen werden, eine Weile dort und werden dann verändert, verbreitet, neu entfacht und in den universellen, produktiven Geist aufgenommen und machen so anderen Platz, die ihren Platz einnehmen. Das mag als Antwort dienen, wenn man davon ausgeht, dass die Seele den Körper überlebt. Aber wir müssen nicht nur die Zahl der Leichen betrachten, die auf diese Weise in der Erde begraben werden. Es gibt auch all die Lebewesen, die Tag für Tag von uns und anderen Tieren gefressen werden. Wie viele von ihnen werden auf diese Weise verzehrt und gleichsam in den Körpern derer begraben, die sich von ihnen ernähren. Und doch gibt es immer wieder Platz, um sie aufzunehmen, weil sie sich in Blut, Luft und Feuer verwandeln. Was ist also der Schlüssel zu dieser Frage? Die Unterscheidung von Materie und Ursache.

22. Halte deinen Weg und verwirre dich nicht

Weiche nicht von deinem Weg ab. Bei jedem Impuls gibst du der Gerechtigkeit das Recht, das ihr gebührt, und bei allem Denken sei sicher, dass du verstehst.

23. Die Harmonie der Natur: Eine Hommage an die Stadt Cecrops

Ich bin im Einklang mit allem, was zu deiner Harmonie gehört, oh Natur. Nichts ist für mich zu früh und nichts ist zu spät, wenn es zur richtigen Zeit kommt. Alles ist für mich eine Frucht, oh Natur, die deine Jahreszeiten mit sich bringen. Alles kommt von dir, du verstehst alles und alles kehrt zu dir zurück. Der Dichter sagt: "O liebe Stadt Cecrops!" Sollte ich nicht sagen: "Liebe Stadt Gottes!"?

24. Die Kunst der Gelassenheit: Weniger tun, mehr Ruhe finden

"Tu wenig", sagt der Philosoph, "wenn du Ruhe haben willst." Vielleicht ist es besser zu sagen: "Tu, was nötig ist, tu, was die Vernunft des Wesens, das von Natur aus sozial ist, anordnet, und tu es im Sinne dieser Anordnung." So erlangst du die Ruhe, die sich aus tugendhaftem Handeln ergibt, und auch die Ruhe, die sich einstellt, wenn du nur wenige Dinge zu tun hast. Die meisten Dinge, die du sagst und tust, sind nicht notwendig. Erledige sie, und du wirst gelassener und weniger beunruhigt sein. Stelle dir also bei jeder Gelegenheit die Frage: Ist diese Sache nicht unnötig? Und lege nicht nur unnötige Taten, sondern auch unnötige Gedanken ab, denn so vermeidest du alle überflüssigen Handlungen.

25. Das Leben eines guten und zufriedenen Menschen

Probiere aus, wie das Leben eines guten Menschen bei dir ankommt, das Leben eines Menschen, der zufrieden ist mit dem Los, das ihm die Vorsehung zugedacht hat, und zufrieden mit der Gerechtigkeit seines eigenen Handelns und der Güte seiner Gesinnung.

26. Die Kunst des Lebens: Verwirrung vermeiden und die Einfachheit suchen

Du hast den anderen Zustand gesehen, probiere auch diesen aus. Vermeide Verwirrung; suche die Einfachheit. Hat ein Mensch gesündigt? Er trägt seine eigene Sünde. Ist dir etwas zugestoßen? Es ist gut so, denn alles, was dir widerfährt, ist ein Teil des Schicksals, das von Anfang an in allen Dingen gewebt wurde. Kurz gesagt: Das Leben ist kurz. Mache das Beste aus der Gegenwart, mit Vernunft und Gerechtigkeit. Sei nüchtern in deiner Entspannung.

27. Die Ordnung im Universum: Eine Mischung von Phänomenen, aber ein geordnetes Ganzes?

Das Universum ist entweder ein geordnetes Ganzes oder ein Durcheinander. Aber obwohl es eine Mischung von Phänomenen ist, ist es sicherlich ein geordnetes Ganzes. Oder glaubst du, dass es in dir eine Ordnung und im Universum ein Durcheinander geben kann, obwohl alle Dinge, auch wenn sie verstreut und getrennt sind, miteinander in Einklang stehen?

28. Charaktere: Eine Betrachtung der Missgestalten

Betrachte die Missgestalt dieser Charaktere: die schwarzen oder bösartigen, die verweichlichten, die wilden, die tierischen, die kindischen, die brutalen, die dummen, die falschen, die rüpelhaften, die räuberischen, die tyrannischen.

29. Der Fremde und seine Trennung von der vernünftigen Verfassung der Natur

Er ist ein Fremder und kein Bürger der Welt, der nicht weiß, was die Welt beinhaltet; und auch der, der nicht weiß, was in ihr geschieht. Er ist ein Deserteur, der vor der Vernunft flieht, die dieses Gemeinwesen regiert. Er ist ein Blinder, dessen geistiges Auge geschlossen ist. Er ist ein Bettler, der die Gaben anderer braucht und nicht alles, was er zum Leben braucht, selbst hat. Er ist ein Auswuchs im Schema der Dinge, der sich aus Unzufriedenheit mit dem, was geschieht, von der vernünftigen Verfassung der Natur, an der er teilhat, zurückzieht und trennt. Dieselbe Natur, die dieses Ereignis hervorgebracht hat, hat auch dich hervorgebracht. Er ist der aufrührerische Bürger, der seine besondere Seele von der einen Seele aller vernünftigen Wesen trennt.

30. Das Streben nach Vernunft ohne Ressourcen

Einer spielt den Philosophen ohne Mantel, ein anderer ohne Bücher, ein dritter halbnackt. Sagt der eine: "Ich habe kein Brot, und doch halte ich an der Vernunft fest." Sagt ein anderer: "Ich habe nicht einmal die geistige Nahrung der Unterweisung, und doch halte ich daran fest."

31. Lebe deine Leidenschaft und vertraue den Göttern

Liebe die Kunst, die du gelernt hast, so bescheiden sie auch sein mag, und finde in ihr deine Erholung. Und verbringe den Rest deines Lebens als jemand, der seine Angelegenheiten von ganzem

Herzen den Göttern anvertraut und sich weder zum Tyrannen noch zum Sklaven der Menschen macht.

32. Das Vergängliche des Lebens: Eine Erinnerung an die Zeiten von Vespasian und Trajan

Erinnere dich zum Beispiel an die Zeit von Vespasian. Es ist wie das Schauspiel unserer eigenen Zeit. Du wirst Männer sehen, die heiraten, Kinder großziehen, krank sind und sterben, Krieg führen und feiern, Handel treiben und Landwirtschaft betreiben. Du wirst Männer sehen, die sich schmeicheln, die auf ihren eigenen Willen beharren, die misstrauisch sind, die Ränke schmieden, die sich den Tod anderer wünschen, die dem Glück nachtrauern, die Mätressen umwerben, die Schätze horten, die nach Konsulaten und Königreichen streben. Doch all das Leben ist verbraucht und vorbei. Komm zurück in die Zeit Trajans. Auch hier ist alles gleich; und auch dieses Leben ist tot. Betrachte auch die Aufzeichnungen anderer Zeiten und Völker und sieh, wie sie nach ihrem Übereifer schnell fielen und sich in die Elemente auflösten. Vor allem aber erinnere dich an die, die du selbst gekannt hast: Menschen, die sich von eitlen Dingen ablenken ließen, Menschen, die den Weg vernachlässigten, der ihrer Natur entsprach, und weder daran festhielten noch darin ihre Zufriedenheit fanden. Und vergiss dabei nicht, dass man jedem Vorhaben nur so viel Aufmerksamkeit schenken sollte, wie es auch wirklich wert ist. Denn wenn du dir das vor Augen hältst, wirst du dich nicht entmutigen lassen, wenn du dich zu sehr mit Dingen beschäftigst, die weniger wichtig sind.

33. Das Vergessen der Vergangenheit und die Bedeutung der persönlichen Werte

Die vertrauten Redewendungen von früher sind heute fremd und veraltet, und auch die Namen derer, die einst berühmt waren, klingen heute seltsam in unseren Ohren. Camillus, Caeso, Volesus, Leonnatus; nach ihnen Scipio und Cato; zuletzt Augustus, Hadrian und Antoninus - sie alle sind vergessen. Alle Dinge eilen ihrem Ende entgegen, werden schnell zu alten Fabeln und dann in Vergessenheit geraten. Das sage ich von denen, die im Glanz ihres Ruhmes erstrahlt sind. Der Rest der Menschen ist, sobald sie vergehen, unbekannt und vergessen. Was ist es dann, an das man sich für immer erinnert? Eine völlig leere Sache. Wofür sollten wir eifrig sein? Nur darum, dass unsere Seele gerecht ist, unsere Handlungen selbstlos, unsere Rede aufrichtig und unsere Gesinnung so, dass wir alles, was geschieht, freudig annehmen, weil wir es für unvermeidlich und vertraut halten und es demselben Ursprung entspringt wie wir selbst.

34. Gib dich bereitwillig mit Clotho ab - Lass sie ihren Faden spinnen

Gib dich bereitwillig mit Clotho ab und erlaube ihr, ihren Faden zu spinnen, wie sie will.

35. Die Vergänglichkeit aller Dinge

Alle Dinge sind für einen Tag, sowohl das, woran man sich erinnert, als auch das, woran man sich erinnert.

36. Der Wandel der Natur: Die Revolution des Jetzt

Beobachte immer wieder, dass alle Dinge im Wandel sind, und behalte den Gedanken im Hinterkopf, dass die Natur nichts mehr liebt, als die Dinge, die jetzt sind, zu verändern und andere wie sie zu machen. Denn das, was jetzt ist, ist gewissermaßen der Keim für das, was sein wird. Deshalb darfst du nicht denken, dass nur das Samen ist, was in die Erde oder in den Mutterleib geworfen wird, denn das ist der Gedanke der Unwissenheit.

37. Die Bedeutung der Gelassenheit und Freundlichkeit im Leben

Du wirst bald sterben, und doch hast du weder die Einfachheit noch die Gelassenheit noch den Unglauben erlangt, dass du von äußeren Dingen verletzt werden kannst. Du hast nicht gelernt, zu allen Menschen freundlich zu sein oder die ganze Weisheit des gerechten Handelns zu schätzen.

38. Was die Menschen bewegt: Sorgen und Ziele

Schau dir genau an, was die Menschen regiert; sieh, was ihre Sorgen sind und was sie verfolgen oder meiden.

39. Der Ort des Bösen: Eine philosophische Betrachtung

Das, was für dich böse ist, existiert nicht in der Seele eines anderen, auch nicht in einer Veränderung des Körpers, der dich umgibt. Wo ist es dann? Es liegt in dem Teil von dir, mit dem du wahrnimmst, was böse ist. Bleib bei dieser Vorstellung, und alles ist gut. Und wenn der arme Körper, mit dem er so eng verbunden ist, zerschnitten und verbrannt wird, wenn er eitert oder kastriert wird, dann soll der Verstand untätig bleiben, d.h. er soll weder das Schlechte noch das Gute beurteilen, das dem Bösen und dem Guten gleichermaßen widerfahren kann. Denn das, was dem, der im Einklang mit der Natur lebt, und dem, der im Widerspruch zu ihr lebt, gleichermaßen widerfährt, kann weder natürlich noch unnatürlich sein.

40. Die Einheit des Universums: Materie und Geist in Verbindung

Betrachte dieses Universum immer als ein einziges lebendiges Wesen, mit einer materiellen Substanz und einem Geist. Beobachte, wie alle Dinge auf die eine Intelligenz dieses Wesens bezogen sind; wie alle Dinge auf einen Impuls hin handeln; wie alle Dinge gleichzeitig Ursachen für alle anderen sind; und wie alle Dinge miteinander verbunden und verwoben sind.

41. Epiktet über das menschliche Dasein

"Du bist eine arme Seele, die mit einem Leichnam gesattelt ist", sagte Epiktet.

42. Die Bedeutung des Wandels im Leben

Es gibt kein Böses für Dinge, die im Wandel bestehen; und es kann kein Gutes für Dinge geben, die ohne ihn bestehen.

43. Der unaufhörliche Fluss der Zeit

Die Zeit ist ein Fluss, ein reißender Strom von Dingen, die ins Leben treten. Jedes wird, sobald es auftaucht, weggeschwemmt: Auf es folgt ein anderes, das seinerseits weggeschwemmt wird.

44. Die Natürlichkeit von Krankheit, Tod und menschlichen Schwächen

Alles, was geschieht, ist so natürlich und vertraut wie eine Rose im Frühling oder eine Frucht im Sommer. So sind Krankheit und Tod, Verleumdung und Verrat und alles andere, was Narren Freude oder Kummer bereitet.

45. Die Verbindung zwischen Ursache und Wirkung - Eine rationale Beziehung

Die Episoden folgen auf die vorhergehenden Episoden aufgrund eines besonderen und notwendigen Zusammenhangs. Diese Beziehung ist nicht diejenige, die in einer bloßen Aufzählung unabhängiger Dinge besteht und lediglich von einer willkürlichen Konvention abhängt. Es ist eine rationale Beziehung. Und so wie die Dinge, die jetzt existieren, harmonisch aneinandergereiht sind, so zeigen auch die Dinge, die neu entstehen, keine bloße Abfolge, sondern eine wunderbare Harmonie mit dem, was vorher war.

46. Die Lehren von Heraklit: Der Tod und die Widersprüche des Lebens

Denke immer an die Sprüche von Heraklit: Der Tod der Erde wird zu Wasser, der Tod des Wassers zu Luft und der Tod der Luft zu Feuer und umgekehrt. Erinnere dich daran, in welcher Lage sich derjenige befindet, der vergisst, wohin der Weg führt: dass die Menschen häufig mit ihrem engen und ständigen Begleiter, der Vernunft, die alles beherrscht, im Widerspruch stehen; dass die Menschen das, was ihnen täglich begegnet, für seltsam halten; dass wir weder handeln noch sprechen sollten, als ob wir schlummern, obwohl wir selbst im Schlummer zu handeln und zu sprechen scheinen; noch wie Kinder, die von ihren Eltern lernen und alles einfach so hinnehmen, wie es uns gesagt wird.

47. Die Bedeutungslosigkeit des Todeszeitpunktes

Wenn dir ein Gott sagen würde, dass du morgen oder spätestens übermorgen sterben musst, so würde es dich wenig kümmern, ob es morgen oder übermorgen ist, wenn du nicht der erbärmlichste

Feigling wärest. Denn wie gering ist der Unterschied? Deshalb ist es nicht wichtig, ob du nach vielen Jahren oder morgen stirbst.

48. Die Flüchtigkeit des menschlichen Lebens und das Streben nach Zufriedenheit

Denke immer daran, wie viele Ärzte gestorben sind, die oft die Stirn über ihre Patienten zogen; wie viele Astrologen, die den Tod anderer mit großer Prahlerei vorhersagten; wie viele Philosophen, die endlos über Tod und Unsterblichkeit schrieben; wie viele Krieger, die Tausende erschlugen; und wie viele Tyrannen, die ihre Macht über Leben und Tod mit grausamer Willkür ausübten, als wären sie unsterblich. Wie viele ganze Städte, wenn ich so sagen darf, sind tot: Helice und Pompeji und Herculaneum und andere, die nicht zu zählen sind. Erzähle weiter von all denen, die du gekannt hast, einen nach dem anderen: Denke daran, wie einer seinen Kameraden begrub, dann selbst tot war, um von einem Dritten begraben zu werden. Und das alles innerhalb einer kurzen Zeitspanne. Zusammengefasst: Sieh dir die menschlichen Dinge an und erkenne, wie kurzlebig und abscheulich sie sind: gestern Schleim, morgen Asche oder eingelegtes Aas. Verbringe also den flüchtigen Rest deiner Zeit in einem Geist, der mit der Natur übereinstimmt, und gehe zufrieden von dannen. So fällt die Olive, wenn sie reif ist, segnet den Boden, aus dem sie entsprungen ist, und dankt dem Baum, der sie getragen hat.

49. Die Geistesstärke, das Unglück zu überwinden

Sei wie ein Felsvorsprung, an dem sich die Wellen immer wieder brechen. Er steht fest und stillt die Wasser, die um ihn herum toben. "Ich bin unglücklich", sagt einer, "dass mir das widerfahren ist." "Nein", sagst du, "glücklich bin ich, der, obwohl mir das widerfahren ist, immer noch ohne Kummer bleiben kann, weder durch die Gegenwart gebrochen noch durch die Zukunft gefürchtet." Ähnliches hätte jedem widerfahren können, aber nicht jeder hätte es ungeschoren überstanden. Warum also sollten wir uns mehr mit dem Unglück dieses Ereignisses beschäftigen als mit dem Glück einer solchen Geistesstärke? Kann man das als Unglück für einen Menschen bezeichnen, das nicht eine Fehlentscheidung seiner Natur ist? Und kannst du irgendetwas als Missgeschick seiner Natur bezeichnen, das nicht ihrem Zweck zuwiderläuft? Du hast ihre Bestimmung erkannt, nicht wahr? Schließt dich dieser Zufall von Gerechtigkeit, Großmut, Klugheit, Vorsicht, Wahrheit, Ehre, Freiheit und allem anderen aus, in dessen Besitz die Natur des Menschen ihren vollen Wert findet? Denke also daran, in Zukunft bei allen Gelegenheiten, bei denen du Kummer hast, den Spruch zu beherzigen: Das ist kein Unglück, aber es tapfer zu ertragen, ist ein Glücksfall.

50. Der Tod und die Vergänglichkeit des Lebens

Es ist eine banale Meditation, aber sehr wirksam, um den Tod zu verachten, wenn wir das Schicksal derer betrachten, die das Leben am meisten und am längsten genossen haben. Wo ist ihr Gewinn größer als der derjenigen, die vor ihrer Zeit gestorben sind? Sie alle liegen irgendwo tot herum. Cadicianus, Fabius, Julian, Lepidus und ihre Gefährten sahen, wie die Leichen von vielen Menschen zum Grab getragen wurden, und wurden dann selbst dorthin getragen. Wie gering war also der Unterschied zwischen der Zeit, die man inmitten von Unruhen, unter wertlosen Menschen und mit einem minderwertigen Leichnam verbrachte! Denke nicht, dass es etwas Wertvolles ist. Schau lieber zurück in die Ewigkeit, die dahinter klafft, und vorwärts in den anderen Abgrund der Unermesslichkeit. Verglichen mit dieser Unendlichkeit ist der Unterschied zwischen einem Leben von drei Tagen und einem Leben von drei Zeitaltern wie dem von Nestor gering.

51. Die Bedeutung des kurzen Wegs

Lauf immer den kurzen Weg. Der kurze Weg ist der Weg, der der Natur entspricht. Deshalb sprich und handle nach der gesündesten Regel; denn dieser Entschluss wird dich von viel Mühsal und Krieg und von aller raffinierten Verwaltung und Prahlerei befreien.

BUCH 5

— Alte Weisheit für die Erfüllung erschließen

Nehmen Sie Ihr Leben selbst in die Hand! Untersuchen Sie Ratschläge, wie Sie ein sinnvolles und erfülltes Leben führen können. Machen Sie sich den Wert der Philosophie zu eigen und erkennen Sie, wie sie Ihnen Trost, Hoffnung und Sinn gibt. Kultivieren Sie Vernunft, emotionale Kontrolle und Einfühlungsvermögen. Ehren Sie die höchste Autorität des Universums und nehmen Sie die natürliche Welt an. Mit diesen Werkzeugen können Sie ein befriedigendes Leben führen und Ihre Ziele erreichen, selbst im Angesicht von Widrigkeiten. Es ist an der Zeit, Ihr bestes Leben zu leben und einen positiven Einfluss auf die Welt zu nehmen.

1. Das Streben nach dem Gemeinwohl und die Erfüllung unserer Aufgabe

Am Morgen, wenn du nicht aufstehen willst, denke daran, ich stehe auf, um meine eigentliche Aufgabe zu erfüllen, und soll ich es bereuen, mich an die Arbeit zu machen, für die ich geboren und auf die Welt gebracht wurde? Bin ich zu nichts anderem fähig, als unter der Bettdecke zu liegen und mich warm zu halten? "Aber", sagst du, "so ist es doch viel angenehmer." Ist also das Vergnügen das Ziel deines Daseins und nicht das Handeln und die Ausübung deiner Kräfte? Siehst du nicht, dass die kleinsten Pflanzen, die kleinen Spatzen, die Ameisen, die Spinnen und die Bienen alle ihren Teil dazu beitragen, das Universum zu ordnen, soweit es ihnen möglich ist? Und willst du dich weigern, den Teil dieses Plans zu übernehmen, der dem Menschen zukommt? Willst du nicht den Weg einschlagen, der mit deiner eigenen Natur übereinstimmt? Du sagst: "Ich muss mich ausruhen." Sicherlich, aber die Natur hat für die Ruhe ein bestimmtes Maß festgelegt, genau wie für das Essen und Trinken. Beim Ausruhen gehst du über diese Grenzen hinaus und über das, was genug ist; aber beim Handeln füllst du das Maß nicht aus und bleibst innerhalb deiner Kräfte. Du liebst dich selbst nicht; wenn du es tätest, würdest du deine Natur und ihren Zweck lieben. Andere, die die Kunst lieben, die sie zu ihrer eigenen gemacht haben, erschöpfen sich darin, ungewaschen und unversorgt daran zu arbeiten. Aber du ehrst deine eigene Natur weniger als der Schnitzer seine Schnitzerei, weniger als der Tänzer seinen Tanz, der Geizige sein Gold oder der Eitle seinen leeren Ruhm ehrt. Wenn diese Menschen von ihrer Begierde ergriffen werden, sind ihnen Essen und Schlaf verloren, wenn sie das Ziel ihrer Sehnsucht besser erreichen können; und soll das Streben nach dem Gemeinwohl in deinen Augen weniger wertvoll und weniger eifrig sein?

2. Die Kunst des inneren Friedens: Wie man störende Eindrücke sofort loswerden kann

Wie leicht ist es, jeden störenden und unpassenden Eindruck zu verdrängen und zu beseitigen, um sofort vollkommene Ruhe zu genießen.

3. Richtlinien für Selbstwürde und Authentizität

Beurteile keine Rede oder Handlung als unwürdig, die mit deiner Natur übereinstimmt. Lass dich nicht von der Kritik oder dem Tadel anderer abschrecken; wenn die Rede oder die Handlung ehrenhaft ist, halte dich selbst für würdig, sie zu sagen oder zu tun. Diejenigen, die dich kritisieren, haben ihr eigenes Gewissen und ihre eigenen Beweggründe. Darauf sollst du keine Rücksicht nehmen, sondern dich von deiner eigenen Natur und der Natur des Universums leiten lassen, die beide in die gleiche Richtung weisen.

4. Der Kreislauf des Lebens: Ich gehe den Weg der Natur

Ich gehe den Weg der Natur, bis ich schließlich falle und ruhe; ich atme meinen Atem in die Luft aus, aus der ich ihn täglich geschöpft habe, und falle auf die Erde, aus der mein Vater seinen Samen schöpfte, meine Mutter ihr Blut und meine Amme die Milch, die mich nährte; auf die Erde, die mir all die Jahre hindurch meine tägliche Nahrung und meinen Trank gegeben hat, die meine Schritte trägt und mich erträgt – ihren mannigfaltigen Schänder.

5. Eigenschaften, die wir entwickeln können

Die Menschen können dich nicht für deine Klugheit bewundern. Sei es drum. Aber es gibt noch viele andere Eigenschaften, von denen du nicht sagen kannst: "Das liegt nicht an mir." Zeige sie; sie liegen ganz in deiner Macht. Sei aufrichtig, sei würdevoll, sei gewissenhaft; verschmähe das Vergnügen, bedauere das Schicksal nicht, brauche wenig; sei freundlich und offen; liebe keine Übertreibungen und eitles Gerede; strebe nach Größe. Siehst du nicht, wie viele Tugenden du vorweisen könntest, die dir noch fehlen, obwohl du keine Entschuldigung dafür hast, dass sie dir fehlen oder dass du nicht dafür geeignet bist? Triebt dich irgendein Mangel an deiner Ausstattung dazu, mürrisch zu sein, geizig zu sein, zu schmeicheln, deinem Körper deine eigenen Fehler vorzuwerfen, vor anderen zu kuschen, eitel zu sein, all diese Unruhe in deiner Seele zu haben? Nein, bei den Göttern, du hättest diesen Lastern schon längst entkommen können. Dein ganzer Fehler ist also, dass du etwas langsam und dumpf im Verstehen bist. Du solltest dich bemühen, dies durch Übung zu korrigieren, ohne deine Trägheit zu vernachlässigen oder dich daran zu ergötzen.

6. Der Wert der Selbstlosigkeit

Manche Menschen sind, wenn sie dir einen Gefallen getan haben, sehr bereit, die Verpflichtung, die sie eingegangen sind, aufzurechnen. Andere wiederum sind nicht so offen in ihren Ansprüchen, betrachten dich aber dennoch als ihren Schuldner und kennen den Wert dessen, was sie getan haben, sehr genau. Eine dritte Sorte scheint sich ihres Dienstes nicht bewusst zu sein. Sie sind wie der Weinstock, der seine Trauben trägt und erst zufrieden ist, wenn er die richtigen Früchte hervorgebracht hat. Das Pferd, wenn es seine Bahn gelaufen ist, der Hund, wenn er der Fährte gefolgt ist, die Biene, wenn sie ihren Honig gemacht hat, und der Mensch, wenn er anderen Gutes getan hat, rühmen sich nicht damit, sondern machen sich daran, dasselbe noch einmal zu tun, so wie der Weinstock zu seiner Zeit seine neuen Trauben hervorbringt. "Sollen wir also zu denen gehören, die gewissermaßen nicht wissen, was sie tun? Sicherlich. "Aber genau das setzt Intelligenz voraus; denn es ist eine Eigenschaft des selbstlosen Menschen, dass er erkennt, dass er selbstlos handelt, und er wünscht sicher, dass seine Mitmenschen das auch erkennen." Stimmt, aber wenn du das falsch verstehst, gehörst du zu denen, von denen ich vorhin gesprochen habe. Auch sie werden durch fadenscheinige Argumente in die Irre geführt. Wenn du aber den Willen hast zu verstehen, was mein Prinzip wirklich bedeutet, dann fürchte nicht, dass du die Pflicht zur Selbstlosigkeit vernachlässigst, wenn du ihm folgst.

7. Das Gebet der Athener: Eine einfache Bitte an Zeus um Regen für die Felder

Dies ist ein Gebet der Athener: "Regen, Regen, lieber Zeus, auf die Ebenen und Ackerflächen der Athener." Der Mensch sollte entweder gar nicht beten oder nach dieser offenen und einfachen Art beten.

8. Die Bedeutung von Schicksal in unserer Gesundheit und unserem Wohlsein

So wie man sagt, dass Äskulap jemandem das Reiten, das kalte Bad oder das Barfußlaufen verschrieben hat, so kann man auch sagen, dass der leitende Geist einem Menschen eine Krankheit, eine Verstümmelung, einen Verlust oder Ähnliches verschrieben hat. "Vorgeschrieben" bedeutet im ersten Fall, dass dem Patienten eine Behandlung auferlegt wurde, die mit den Bedürfnissen seiner Gesundheit übereinstimmt; im zweiten Fall bedeutet es, dass das Schicksal eines jeden Menschen so bestimmt ist, dass es mit den Absichten des Schicksals übereinstimmt. Das Wort "Zufall" bedeutet so viel wie die Übereinstimmung von quadratischen Steinen in einer Mauer oder Pyramide, von der die Handwerker sprechen, wenn sie sie zu einem Bauwerk zusammenfügen. Alle Dinge sind in einem Band der Harmonie vereint; und so wie alle existierenden Körper die sichtbare Welt zu dem machen, was sie ist, so setzt sich das Schicksal als allgemeine Ursache aus allen besonderen Ursachen zusammen. Die meisten Nichtphilosophen verstehen, was ich meine, denn sie sagen: "Das Schicksal hat ihm dies und jenes bestimmt oder vorgeschrieben". Lasst uns also die Beschlüsse des Schicksals annehmen, wie wir die Vorschriften des Äskulap annehmen. Er verschreibt uns viele Dinge, und einige davon sind harte Medizin. Dennoch gehorchen wir ihm gerne, in der Hoffnung auf Gesundheit. Sieh also ein, dass für die Natur das Verrichten ihrer Arbeit und das Erreichen ihrer Ziele gleichsam ihre Gesundheit ist, und begrüße alles, was geschieht, auch wenn es dir als Unglück erscheint, weil es zur Gesundheit des Universums und zum Wohlstand und Glück des Zeus beiträgt. Er hätte dieses oder jenes nicht über einen Menschen gebracht, wenn es nicht zum Wohl des Ganzen beigetragen hätte, und kein Teil des Systems der Natur bringt etwas zustande, das nicht zu ihrer Regierung passt. Aus zwei Gründen solltest du dich also mit dem zufrieden geben, was dir widerfährt. Der erste Grund ist, dass es für dich geschaffen und bestimmt wurde und von Anfang an mit dir verbunden war, da alle Schicksale aus den großen ersten Ursachen gewoben wurden. Die zweite ist, dass auch das, was jedem Einzelnen widerfährt, zum Wohlergehen und Gedeihen des Geistes beiträgt, der alle Dinge regiert, ja sogar zu seinem Fortbestand. Denn das Ganze wird verstümmelt, wenn du auch nur im Geringsten diese kontinuierliche Verbindung unterbrichst, sei es zwischen Teilen oder Ursachen. Und du tust dein Bestes, um sie zu unterbrechen und zu zerstören, wenn du über das Schicksal lamentierst.

9. Die Kunst, ruhig zu bleiben und dem Leben zu begegnen

Ärgere dich nicht, verzage nicht und lass dich nicht entmutigen, wenn es dir nicht immer möglich ist, nach deinen Prinzipien der Vollkommenheit zu handeln. Wenn du besiegt wirst, kehre zu deinen Bemühungen zurück und gib dich damit zufrieden, dass dein Verhalten im Allgemeinen so ist, wie es sich für einen Menschen gehört. Liebe das Gute, zu dem du zurückkehrst, und kehre zur Philosophie zurück, nicht wie einer, der zu einem Meister kommt, sondern wie einer, dem die Augen schmerzen und der zum Schwamm und zum Ei zurückkehrt, während ein anderer zum Pflaster greift oder ein dritter zum Feuer. Und so wirst du keine leere Show daraus machen, der Vernunft zu gehorchen, sondern feststellen, dass sie dir Ruhe gibt. Denke daran, dass die Philosophie nicht mehr verlangt, als deine Natur verlangt. Aber du hast die Angewohnheit, andere Dinge zu verlangen, die nicht mit deiner Natur übereinstimmen. "Denn was", sagst du, "kann reizvoller sein als solche Dinge?" Ist das nicht genau die Falle, in die uns die Lust lockt? Doch bedenke, ob Großmut, Offenheit, Einfachheit, Freundlichkeit und Frömmigkeit nicht noch größere Freuden sind. Und was ist süßer als die Weisheit selbst, wenn du dir der Sicherheit und des Glücks deiner Auffassungskraft und deines Verstandes bewusst bist?

10. Die verborgene Natur der Dinge und die Suche nach Ruhe

Die Natur der Dinge ist so sehr vor uns verborgen, dass vielen Philosophen, und das sind nicht wenige, alle Dinge unverständlich erscheinen. Die Stoiker geben selbst zu, dass es schwierig ist, irgendetwas mit Gewissheit zu begreifen. All unsere Zustimmung ist widersprüchlich, denn wo ist der Mensch, der konsequent ist? Betrachte auch die Gegenstände unserer Erkenntnis: Wie vergänglich und unbedeutend sind sie! Wie oft befinden sie sich im Besitz von Hurenböcken, Prostituierten und Dieben! Sieh dir noch einmal die Moral deiner Zeitgenossen an: Es ist kaum möglich, die Anständigsten unter ihnen zu ertragen, ganz zu schweigen davon, dass ein Mensch sich selbst kaum ertragen kann. Inmitten dieser Dunkelheit und dieses Schmutzes, in diesem ständigen Fluss der Substanz, der Zeit, der Bewegung und der Dinge, die sich bewegen, kann ich nichts erkennen, was der Wertschätzung oder des Wunsches würdig wäre. Im Gegenteil, wir sollten uns trösten, während wir auf unsere natürliche Auflösung warten, und uns nicht über die Verzögerung ärgern, sondern in diesen Gedanken Ruhe finden: Erstens, dass uns nichts widerfahren kann, was nicht mit der Natur aller Dinge übereinstimmt; zweitens, dass es immer in unserer Macht steht, nichts gegen den göttlichen Geist in uns zu tun: Dazu kann uns keine Kraft zwingen.

11. Die Suche nach dem Zweck meiner Seele

Zu welchem Zweck benutze ich meine Seele? Lasst mich das bei jeder Gelegenheit prüfen und überlegen, was jetzt in dem Teil von mir vorgeht, den die Menschen den Herrscher über den Rest nennen. Lasst mich auch darüber nachdenken, wessen Seele ich habe. Ist sie die eines Kindes? Ist sie die eines Jugendlichen, einer ängstlichen Frau oder eines Tyrannen, die Seele eines zahmen oder eines wilden Tieres?

12. Der Wert der Dinge, die für die Masse als gut gelten

Welchen Wert die Dinge haben, die die Vielen für gut halten, kannst du hieraus ersehen: Wenn ein Mensch bestimmte Dinge wie Klugheit, Mäßigung, Gerechtigkeit oder Mut für gut im eigentlichen Sinne hält, kann er nicht ohne Weiteres auf den traditionellen Spott über einen Überfluss an guten Dingen hören, solange er diesen Gedanken hat. Das passt nicht zu ihm. Wenn er aber Dinge im Sinn hat, die in den Augen der Masse gut sind, ist er durchaus bereit, den Spott des komischen Dichters zu hören und als angemessen zu akzeptieren. So erkennt selbst der normale Verstand den Unterschied. Wäre dem nicht so, würden wir den Scherz nicht als beleidigend abtun und ihn auch nicht als glückliche Witzelei begrüßen, wenn er sich auf den Reichtum oder die Üppigkeit bezieht, die Luxus und Prunk hervorbringt. Fahren Sie also fort und stellen Sie die Frage, ob diese Dinge wertvoll und gut sind, von denen wir eine solche Meinung haben, dass wir von ihrem Besitzer sagen können: "Er hat so viele Besitztümer um sich, dass er keinen Platz hat, an dem er sich entspannen kann."

13. Die Unendlichkeit der Verwandlung

Ich bestehe aus einem formellen und einem materiellen Element. Keines von beiden wird sterben und im Nichts verschwinden, denn keines von beiden ist aus dem Nichts entstanden. Jeder Teil von mir wird sich also verwandeln und in einem Teil des Universums wieder auftauchen. Dieser Teil des Universums wird seinerseits in einen anderen Teil umgewandelt, und so weiter für alle kommenden Zeiten. Durch eine solche Verwandlung bin ich entstanden, ebenso wie meine Vorfahren, und so geht es seit jeher weiter. Gegen diese Theorie ist nichts einzuwenden, auch wenn die Welt von bestimmten Zyklen der Umwälzung beherrscht wird.

14. Die Bedeutung von Vernunft und Denkkunst

Die Vernunft und die Kunst des Denkens sind Kräfte, die in sich selbst und in ihren speziellen Prozessen vollständig sind. Sie gehen von ihrem eigenen inneren Prinzip aus und führen zu ihrem bestimmten Ziel. Solche geistigen Handlungen werden als richtig bezeichnet, um anzuzeigen, dass der Weg des Denkens richtig oder gerade ist.

15. Die Bedeutung der menschlichen Natur und deren Einfluss auf das Streben nach Gutem

Nichts sollte als Teil des Menschen bezeichnet werden, was nicht Teil seiner menschlichen Natur ist. Dinge, die nicht zu seinem Wesen gehören, können nicht von ihm verlangt werden und haben keinen Anteil an der Verheißung oder der Erfüllung seines Wesens. Daher liegt in solchen Dingen weder das Ziel des Menschen noch das Gute, das dieses Ziel krönt. Wäre etwas wirklich Teil des Menschen, wäre es nicht angemessen, es zu verachten oder sich dagegen aufzulehnen, noch wäre es lobenswert, sich davon unabhängig zu machen. Wären die unwesentlichen Dinge wirklich gut, könnte derjenige kein guter Mensch sein, der sich in ihrem Gebrauch einschränkt; aber wie wir sehen, ist ein Mensch umso besser, je mehr er auf sie verzichtet und je mehr er ihren Mangel erträgt.

16. Die Seele nimmt Farbe von ihren Eindrücken an: Der Einfluss unserer Gedanken auf unseren Geist und unser Wohlbefinden

Der Charakter deiner häufigsten Eindrücke wird der Charakter deines Geistes sein. Die Seele nimmt Farbe von ihren Eindrücken an, deshalb tränke sie mit solchen Gedanken wie diesen: Wo immer ein Mensch leben kann, kann er gut leben. Ein Mensch kann in einem Hof leben, also kann er dort gut leben. Wiederum wirkt alles auf das hin, wofür es geschaffen wurde, und das, worauf alles hinwirkt, ist sein Zweck; und im Zweck von allem liegt der Vorteil und das Gute von ihm. Für vernunftbegabte Wesen ist die Gesellschaft das höchste Gut, denn es ist längst bewiesen, dass wir auf die Welt gekommen sind, um sozial zu sein. War es nicht offensichtlich, dass die niederen Arten für die höheren geschaffen wurden und die höheren füreinander? Das Belebte ist dem Unbelebten überlegen, und die vernunftbegabten Wesen denen, die nur leben.

17. Die Verfolgung des Unmöglichen ist Wahnsinn: Eine unvermeidliche Realität der Bösen

Unmögliches zu verfolgen ist Wahnsinn; und es ist unmöglich, dass die Bösen nicht auf eine solche Weise handeln.

18. Die Kraft der Unwissenheit und Prahlerei

Nichts kann einem Menschen widerfahren, was er nicht von Natur aus zu ertragen vermag. Anderen widerfährt Ähnliches, und entweder aus Unwissenheit, dass es passiert ist, oder aus Überheblichkeit bleiben sie standhaft und unverletzt. Seltsam, dass Unwissenheit oder Prahlerei mehr Kraft haben als Weisheit!

19. Die unberührbare Seele: Die Macht der inneren Urteile

Materielle Dinge können die Seele überhaupt nicht berühren und haben keinen Zugang zu ihr; sie können sie auch nicht beugen oder bewegen. Die Seele wird allein durch sich selbst gebogen oder bewegt und formt alle Dinge, die von außen kommen, nach dem Urteil um, das sie in ihrem Inneren gefällt hat.

20. Die menschliche Natur und ihre Hindernisse

In einer Hinsicht ist mir der Mensch am nächsten und liebsten, nämlich insoweit, als ich ihm Gutes tun und ihn ertragen muss. Aber insofern, als manche Menschen mich in meinen natürlichen Aktivitäten behindern, gehört der Mensch zu den Dingen, die mir gleichgültig sind, genauso wie die Sonne, der Wind oder das wilde Tier. Sie können mich zwar an bestimmten Handlungen hindern, aber sie können meine Absicht oder meine innere Einstellung nicht beeinträchtigen, dank meiner ausgleichenden und verändernden Kräfte. Denn der Verstand kann alles, was seine Aktivität behindert, in Material für sein Handeln umwandeln und verändern; ein Hindernis wird zu seiner wirklichen Hilfe, und jedes Hindernis fördert seinen Fortschritt.

21. Die Verehrung des Vortrefflichen im Universum und in uns selbst

Verehre das Vortrefflichste im Universum, und das Vortrefflichste ist das, was alle Dinge einsetzt und alles beherrscht. Ebenso verehrst du das, was in dir selbst das Vorzüglichste ist. Es ist von der gleichen Art wie das erste, denn es ist das, was alles andere in dir antreibt und durch das dein ganzes Leben geordnet wird.

22. Die Regel der Unverletzlichkeit zwischen Stadt und Bürger

Was der Stadt nicht schadet, kann dem Bürger nicht schaden. Wende diese Regel an, wann immer du den Gedanken hast, dass du verletzt wirst. Wenn der Staat dadurch nicht verletzt wird, bin ich auch nicht verletzt, und wenn der Staat verletzt wird, sollten wir nicht zornig auf den sein, der ihn verletzt. Bedenke, wo sein Versagen liegt.

23. Die Vergänglichkeit des Lebens und die Bedeutung von Gelassenheit

Bedenke oft, wie schnell die Dinge, die es gibt oder die im Entstehen begriffen sind, mitgerissen und fortgetragen werden. Ihre Substanz ist wie ein Fluss, der ständig fließt; ihre Handlungen sind in ständigem Wandel und ihre Ursachen zehntausend

Veränderungen unterworfen. Kaum etwas ist beständig, und die gewaltigen Ewigkeiten der Vergangenheit und der Zukunft, in denen alle Dinge verschlungen werden, sind uns auf beiden Seiten dicht auf den Fersen. Ist also nicht derjenige ein Narr, der sich mit dem Erfolg in den Dingen dieser Welt aufbläht oder sich ablenken lässt oder sich Sorgen macht, als ob er sich in einer Zeit der Not befände, die lange andauern könnte?

24. Das Universum und unser kleiner Anteil daran

Denke an das Universum des Seins, in dem dein Anteil äußerst gering ist, an das Universum der Zeit, von der dir nur ein kurzer und flüchtiger Augenblick zugewiesen ist, an das Schicksal der Dinge und wie winzig dein Anteil daran ist.

25. Individuelle Verantwortung und Naturrecht

Wird mir jemand Unrecht tun? Soll er darauf achten. Sein Charakter und seine Handlungen sind seine eigenen. Ich besitze nur so viel, wie mir die Natur der Dinge zugesteht, und ich handle so, wie es mir meine eigene Natur gebietet.

26. Die Kontrolle über die Seele und die Begrenzung der Leidenschaften

Lass den führenden und herrschenden Teil deiner Seele unbewegt von den Regungen des Fleisches, seien sie sanft oder grob. Sie soll sich nicht mit ihnen vermischen, sondern sich von ihnen fernhalten und diese Leidenschaften auf die ihnen zugehörigen Körperteile beschränken. Und wenn sie durch irgendeine Sympathie mit dem Körper, mit dem sie verbunden ist, in die Seele aufsteigen, dann sollen wir nicht versuchen, der Empfindung zu widerstehen, da sie zu unserer Natur gehört; aber die Seele soll ihrerseits nicht die Vorstellung hinzufügen, dass die Empfindung gut oder schlecht ist.

27. Die Göttlichkeit des Menschen und seine Verbindung zu den Göttern

Lebe mit den Göttern. Und derjenige lebt mit den Göttern, der ihnen ständig seine Seele zeigt, die in Zufriedenheit mit ihrem Los lebt und den Willen des inneren Geistes tut, einen Teil seiner eigenen Göttlichkeit, die Zeus jedem Menschen als Herrscher und Führer gegeben hat. Dies ist die Intelligenz, die Vernunft, die in uns allen wohnt.

28. Der Umgang mit persönlicher Hygiene und zwischenmenschlicher Kommunikation

Bist du zornig auf jemanden, dessen Achselhöhlen stinken oder dessen Atem übel riecht? Was nützt dir das? Sein Mund oder seine Achselhöhlen sind so, und das muss die Folge sein. Aber du sagst, der Mensch sei ein vernünftiges Wesen und könne durch Aufmerksamkeit erkennen, woran er Anstoß nimmt. Nun gut, auch du hast Verstand. Nutze deine Vernunft, um ihn zu bewegen; belehre und ermahne ihn. Wenn er auf dich hört, wirst du ihn heilen, und es gibt keinen Grund zum Zorn mehr. Du bist weder Schauspieler noch Hure.

29. Leben und handeln nach eigenem Willen

So wie du vorhast, bei deinem Weggang zu leben, so kannst du auch hier leben. Doch wenn die Menschen es dir nicht erlauben, dann scheide aus dem Leben, doch so, als ob dir kein Unglück widerfahren wäre. Wenn mein Haus verqualmt ist, gehe ich hinaus, und wo ist die große Sorge? Solange mich kein solches Unglück vertreibt, bleibe ich nach meinem Willen, und niemand wird mich daran hindern, so zu handeln, wie ich es will. Und mein Wille ist der Wille eines vernünftigen und sozialen Wesens.

30. Die Sozialität der Intelligenz des Universums: eine Ordnung von höheren Wesen

Die Intelligenz des Universums ist sozial. Deshalb hat sie die niederen Ordnungen um der höheren willen erschaffen und die höheren Wesen füreinander bestimmt. Du siehst, wie sie jedes nach seinem Verdienst unterordnet, koordiniert und verteilt und die edleren Wesen zu gegenseitigem Einverständnis und Einstimmigkeit verpflichtet hat.

31. Das Verhalten gegenüber wichtigen Personen und der Rückblick auf das Leben

Wie hast du dich gegenüber den Göttern, deinen Eltern, deinen Brüdern, deiner Frau, deinen Kindern, deinen Lehrern, denen, die dich aufgezogen haben, deinen Freunden, deinen Vertrauten und deinen Sklaven verhalten? Kann man sagen, dass du dich ihnen allen gegenüber immer im Sinne der Linie verhalten hast: Er hat keine Härte gezeigt, kein unfreundliches Wort gesprochen?

Erinnere dich an alles, was du durchgemacht hast, an alles, was du ertragen konntest. Dein Leben ist nun eine Geschichte, die erzählt wird, und dein Dienst ist beendet. Erinnere dich an die schönen Dinge, die du gesehen hast, an die Freuden und Schmerzen, die du verachtet hast, an den sogenannten Ruhm, auf den du verzichtet hast, an die unfreundlichen Menschen, denen du Freundlichkeit entgegengebracht hast.

32. Die Störung durch ungeschickte Seelen

Wie kommt es, dass ungeschickte und unwissende Seelen die geschickten und intelligenten stören? Was, frage ich, ist die geschickte und intelligente Seele? Sie ist diejenige, die den Anfang und das Ende kennt, und die Vernunft, die alles Sein durchdringt und durch bestimmte Zyklen das Universum für alle Zeit regiert.

33. Das Streben nach Wahrheit und Bescheidenheit

In kurzer Zeit wirst du nur noch Asche und trockene Knochen sein und ein Name, vielleicht nicht einmal das. Ein Name ist nur ein leerer Klang und ein Echo, und die Dinge, die man im Leben so sehr schätzt, sind leer, gemein und faul. Wir sind wie Welpen, die sich gegenseitig anschnauzen, wie Kinder, die sich streiten, lachen und gleich wieder weinen. Aber Rechtschaffenheit, Bescheidenheit, Gerechtigkeit und Wahrheit,

"Von der weiten Erde sind sie zum Himmel aufgestiegen."

Was sollte dich dann hier aufhalten? Die sinnlichen Dinge verändern sich ständig und sind unbeständig. Die Sinne sind stumpf und leicht zu täuschen. Die arme Seele selbst ist nur ein Ausatmen von Blut. Ruhm ist in einer solchen Welt ein Ding der Unmöglichkeit. Was dann? Du wartest in aller Ruhe auf das

Aussterben oder die Verwandlung, was auch immer es sein mag. Und bis die Zeit gekommen ist, was soll dir genügen? Was anderes als ein Leben, in dem du die Götter fürchtest und preist und dich in Güte, Toleranz und Nachsicht gegenüber den Menschen übst? Und was auch immer jenseits der Grenzen von Fleisch und Atem liegt, vergiss nicht, dass es weder dir gehört noch in deiner Macht steht.

34. Der Schlüssel zum Erfolg im Leben: Der richtige Weg und die Gerechtigkeit

Ein erfolgreiches Leben kann dein sein, wenn du nur den richtigen Weg einschlägst und dich in allem, was du denkst und tust, daran hältst. Zwei Vorteile sind den Göttern, den Menschen und jeder vernünftigen Seele gemeinsam. Erstens hat nichts Äußeres die Macht, sie zu behindern. Zweitens: Ihr Glück liegt darin, dass sie in ihrem Denken und Handeln der Gerechtigkeit zugetan sind und diese zum Ziel aller Wünsche machen können.

35. Der Schaden für das Gemeinwohl und warum es mich nicht kümmert

Wenn der Fehler nicht meine Sünde ist, noch eine Folge davon, wenn es keinen Schaden für das Gemeinwohl gibt, warum sollte ich mich dann darüber aufregen? Worin besteht der Schaden für das Gemeinwohl?

36. Der wahre Wert des Glückes und die Wichtigkeit guter Handlungen

Lass dich nicht unvorsichtigerweise von Gefühlen hinreißen, sondern hilf dem, der es braucht, nach deiner Kraft und seiner Wüste. Wenn er Dinge braucht, die gleichgültig sind, denke nicht, dass er dadurch geschädigt wird, denn so zu denken ist eine schlechte Angewohnheit. Aber so wie der alte Mann in der Komödie darum bittet, den Kreisel seines Schützlings als Andenken zu bekommen, obwohl er genau weiß, dass es nur ein Kreisel ist und sonst nichts, so solltest du auch in den Angelegenheiten des Lebens handeln.

Du steigst auf die Rostra und rufst laut: "O Mann, hast du vergessen, was der wahre Wert dessen ist, was du suchst?" "Nein, aber viele sind eifrig auf der Suche nach ihm." "Sollst du also ein Narr sein, weil sie es sind?"

Was auch immer mir geblieben wäre, ich hätte mein Glück machen können: Denn was ist es, ein Glück zu machen, als sich selbst Gutes zu schenken; und wahres Gutes sind eine würdige Gesinnung, würdige Triebe, würdige Handlungen.

BUCH 6

— Öffne deinen Weg zur Erfüllung

Nehmen Sie das Wohlwollen des Universums an! Akzeptieren Sie die natürliche Ordnung der Dinge und seien Sie im gegenwärtigen Moment zufrieden. Denken Sie daran, dass das Leben vergänglich ist, also nutzen Sie jeden Augenblick. Leben Sie mit Sinn und Zweck und meistern Sie Herausforderungen mit Tugend und Freundlichkeit. Erkennen Sie die Verbundenheit aller Dinge und kultivieren Sie Wertschätzung für die natürliche Welt. Respektieren Sie die Umwelt und alles, was in ihr ist. Geben Sie Wissen, Vernunft und intellektuellem Streben Vorrang. Suchen Sie nach der Weisheit großer Philosophen und Führer und wenden Sie deren Lehren auf Ihr tägliches Leben an. Sie haben die Macht, einen positiven Einfluss auf die Welt zu nehmen. Nutzen Sie diese Macht weise und leben Sie ein Leben, auf das Sie stolz sein können!

1. Die friedliche Macht des Geistes

Die Substanz des Universums ist gefügig und biegsam. Der Geist, der sie regiert, hat in sich selbst keine Quelle für böse Taten. Er hat keine Bosheit, er tut nichts Böses, und nichts wird durch ihn verletzt. Durch seine Führung kommen alle Dinge zustande und erfüllen ihr Dasein.

2. Das Leben in vollen Zügen genießen - Die Kunst des Handelns

Handle so, wie es deiner würdig ist, und achte nicht darauf, ob du steif vor Kälte oder angenehm warm bist, ob du schläfrig bist oder erfrischt vom Schlaf, ob du in gutem oder schlechtem Ruf stehst, ob du im Sterben liegst oder etwas anderes vorhast. Denn auch der Tod ist ein Teil des Lebens, und hier wie anderswo reicht es aus, wenn wir das, was uns in die Hände fällt, gut machen.

3. Das eigene Innere erkunden: Wert und Bedeutung in allem sehen

Schau nach innen. Lass dir die richtige Qualität und den Wert von allem nicht entgehen.

4. Die Veränderung aller Existenz

Alles, was existiert, wird sich sehr schnell verändern; durch Verdünnung, wenn die ganze Substanz eins ist, sonst durch Zerstreuung.

5. Die Natur des Lenkers: Selbstkenntnis und Arbeit

Der lenkende Geist weiß, wie er selbst beschaffen ist und wie und an welcher Materie er arbeitet.

6. Die beste Rache: Nicht denjenigen kopieren, der dir Unrecht getan hat

Die beste Rache ist, denjenigen nicht zu kopieren, der dir Unrecht getan hat.

7. Die Freude einer selbstlosen Handlung – Immer an Gott denken

Finde dein einziges Vergnügen und deine einzige Erholung darin, von einer selbstlosen Handlung zur nächsten zu gehen und dabei immer an Gott zu denken.

8. Der Einfluss des herrschenden Teils auf unser Handeln

Der herrschende Teil in dir ist derjenige, der sich selbst antreibt und steuert, der sich selbst zu dem macht, was er sein will, und der alles, was geschieht, so aussehen lässt, wie er will.

9. Die Vollbringung aller Dinge im Einklang mit der universellen Natur

Alle Dinge werden nach dem Willen der universellen Natur vollbracht. Es gibt keine andere Natur, die sie beeinflusst, die entweder von außen auf sie einwirkt oder in ihr enthalten ist oder außerhalb und unabhängig von ihr existiert.

10. Die Frage nach dem Universum und dem Glauben

Das Universum ist entweder ein Wirrwarr, das zerfasert und wieder aufgetrennt wird, oder eine Einheit, die aus Ordnung und Voraussicht besteht. Wenn es das Erstere ist, warum sollte ich in diesem ziellosen Chaos und Durcheinander verweilen oder mich weiter darum kümmern, "wie ich wieder Erde werde"? Nein, warum bin ich überhaupt beunruhigt? Die Auflösung wird mich einholen, ganz egal, was ich tue. Aber wenn das der Fall sein sollte, bete ich den Herrscher aller Dinge an, ich bleibe standhaft und vertraue auf ihn.

11. Harmonie finden: In schwierigen Zeiten zu sich selbst zurückkehren

Wann immer deine Situation dich in Schwierigkeiten bringt, kehre schnell zu dir selbst zurück und unterbreche den Lebensrhythmus nicht länger als nötig. Wenn du immer wieder zu ihm zurückkehrst, wird dein Verständnis für die Harmonie immer sicherer.

12. Die Bedeutung der Mutterfigur im Leben

Hättest du einmal eine Stiefmutter und eine Mutter gehabt, würdest du die erstere respektieren, aber du würdest dich immer mehr in der Gesellschaft deiner Mutter aufhalten. Dein Hof und deine Philosophie sind Stiefmutter und Mutter für dich. Kehre also häufig zu deiner wahren Mutter zurück und erhole dich bei ihr. Ihr Trost kann den Hof für dich erträglich machen und dich für ihn.

13. Die Macht der Vorstellung: Die Werte des Alltäglichen

Behalte diese Gedanken für Fleisch und Essbares: Das, was vor mir liegt, ist der tote Kadaver eines Fisches, eines Geflügels oder eines Schweins. Dieser Falernian ist nur ein wenig Traubensaft. Stell dir dein purpurnes Gewand als Schafwolle vor, die mit dem Blut eines Muschelfisches befleckt ist. Solche Vorstellungen, die die Wirklichkeit so nahe berühren und die Summe und Substanz dieser Dinge aufzeigen, sind in der Tat mächtig, um uns ihren verachtenswerten Wert vor Augen zu führen. Wir sollten unser ganzes Leben lang in diesem Geist handeln; und wenn Dinge von scheinbar großem Wert auftauchen, sollten wir sie entblößen, ihre Niedrigkeit betrachten und die glühende Beschreibung, die sie so herrlich erscheinen lässt, beiseite legen. Die Eitelkeit ist ein großer Sophist und drängt sich uns am meisten auf, wenn wir glauben, mit den edelsten Zielen beschäftigt zu sein. Erinnere dich an den Spruch von Krates über Xenokrates selbst.

14. Objekte der Bewunderung in der Gesellschaft

Die meisten Objekte der vulgären Bewunderung lassen sich bestimmten allgemeinen Klassen zuordnen. Da gibt es erstens die, die durch Zusammenhalt oder eine organische Einheit zusammenhalten, wie Stein, Holz, Feigen, Reben oder Oliven. Die Dinge, die der vernünftige Mensch bewundert, gehören zu der Klasse, die tierisches Leben besitzt, wie man es bei Herden und Tieren sieht. Wenn der Geschmack des Menschen noch kultivierter ist, wendet sich seine Bewunderung den Dingen zu, die eine rationale Intelligenz aufweisen. Aber er bewundert diese Intelligenz nicht als universelles Prinzip, sondern nur, wenn sie in der Kunst oder der Industrie zum Ausdruck kommt, oder manchmal sogar nur, wenn sie von seinen Künstlersklaven zur Schau gestellt wird. Wer aber die rationale Intelligenz als universelle Sache und als soziale Kraft schätzt, wird sich nicht um diese anderen Objekte der Bewunderung kümmern. Er wird vor allem danach streben, seinen eigenen Verstand mit all seinen rationalen und sozialen Instinkten und Aktivitäten zu bewahren, und zu diesem Zweck wird er mit jedem seiner Artgenossen zusammenarbeiten.

15. Das Vergängliche und Wertvolle im Fluss des Lebens

Manche Dinge eilen ins Dasein. Manche beeilen sich, nicht mehr zu sein. Selbst wenn ein Ding geboren wird, ist ein Teil von ihm schon tot. Fluss und Wandel erneuern die Welt ständig, so wie der ununterbrochene Fluss der Zeit uns immer wieder einen neuen Teil der Ewigkeit präsentiert. Was gibt es in diesem riesigen Fluss, an dessen Ufer man nicht verweilen kann, unter den Dingen, die an uns vorbeiziehen, das es wert ist, geschätzt zu werden? Es ist, als ob ein Mensch einen der vorbeifliegenden Spatzen liebgewonnen hätte, obwohl er ihn schon nicht mehr sehen konnte. Unser Leben selbst ist wie ein Blutdampf oder ein Luftzug. Unsere momentanen Handlungen des Ein- und Ausatmens sind eins mit der ganzen Kraft des Atmens, die wir gestern oder vorgestern bei unserer Geburt erhalten haben und die wir wieder zu der Quelle zurückbringen müssen, aus der wir sie geschöpft haben.

16. Die Bedeutung der Selbstgenügsamkeit und Gelassenheit in der Kunst und im Leben

Es ist ein kleines Privileg, zu transpirieren wie die Pflanzen oder sogar zu atmen wie das Vieh oder die wilden Tiere. Die Eindrücke der Sinne zu spüren, wie Marionetten von der Leidenschaft gelenkt zu werden, sich zusammenzutun und vom Brot zu leben - all das ist keine große Sache. Es gibt nichts Besseres als unsere Fähigkeit, unsere überflüssige Nahrung loszuwerden. Was ist dann von Wert? In die Hände geklatscht zu werden? Nein. Deshalb ist auch der Beifall der Zungen nicht wertvoller, denn das Lob der Menge ist nichts anderes als das müßige Klatschen der Zungen. Lass die Eitelkeit, die man Ruhm nennt, beiseite, und was bleibt übrig? Dies, denke ich: in allen Dingen so zu handeln oder sich zurückzuhalten, wie es der besonderen Struktur deines Wesens am besten entspricht. Das ist das Ziel aller Künste und Studien, denn jede Kunst zielt darauf ab, dass das, was sie hervorbringt, gut zu der Arbeit passt, für die es geschaffen wurde. Das ist das Ziel aller Künste und Studien, denn jede Kunst zielt darauf ab, dass das, was sie hervorbringt, für die Arbeit geeignet ist, für die es geschaffen wurde. Das ist es also, was du wirklich zu schätzen weißt: Wenn du das erreicht hast, wirst du nach nichts anderem mehr suchen. Wirst du also aufhören, die vielen anderen Dinge zu schätzen? Wenn du das nicht tust, wirst du niemals Freiheit, Selbstgenügsamkeit oder Gelassenheit erreichen. Sie können nicht anders, als diejenigen zu beneiden, zu verdächtigen und zu bekämpfen, die die Macht haben, Ihnen die Dinge vorzuenthalten, die Sie lieben, oder sich gegen die Menschen zu verschwören, die im Besitz dessen sind, was Sie wollen. Wem eines dieser Dinge fehlt, der muss sich zwangsläufig ablenken und sich ständig über die Götter beschweren. Aber Ehrfurcht und Respekt vor deiner eigenen Intelligenz werden dich in Einklang mit dir selbst, mit den Menschen und mit den Göttern bringen, die du für all ihre guten Gaben und ihre Führung preisen wirst.

17. Der göttliche Pfad der Tugend

Aufwärts, abwärts, rundherum und rundherum verlaufen die Bahnen der Elemente. Aber der Lauf der Tugend gleicht keinem von ihnen; er folgt einem göttlichen Pfad, der auf eine Weise gelenkt wird, die für uns schwer zu verstehen ist.

18. Die widersprüchlichen Wege der Menschen

Seltsam sind die Wege der Menschen! Sie können kein gutes Wort über die Zeitgenossen verlieren, mit denen sie leben, aber sie halten es für eine große Sache, das Lob einer Nachwelt zu erlangen, die sie weder gesehen haben noch sehen werden. Genauso gut könnten wir uns darüber beklagen, dass wir das Lob unserer Vorfahren nicht hören können.

19. Die Grenzen menschlicher Möglichkeiten

Wenn dir eine Sache sehr schwierig erscheint, dann schließe nicht, dass sie jenseits menschlicher Macht liegt. Wenn du aber siehst, dass etwas in der Macht des Menschen liegt und zu seinem eigentlichen Werk gehört, dann schließe daraus, dass auch du es erreichen kannst.

20. Die Kunst des Verzeihens und des Loslassens

Wenn uns in der Turnhalle jemand mit den Nägeln kratzt oder uns plötzlich den Kopf stößt, nehmen wir es ihm nicht übel; wir sind nicht beleidigt und verdächtigen ihn auch nicht für die Zukunft als jemanden, der sich gegen uns verschworen hat. Wir sind auf der Hut vor ihm, das stimmt, aber nicht wie vor einem Feind oder einer verdächtigen Person. In aller guten Laune gehen wir ihm einfach aus dem Weg. So sollten wir uns auch in anderen Angelegenheiten des Lebens verhalten und über die vielen Verletzungen hinwegsehen, die uns von unseren Gegnern in der Turnhalle der Welt zugefügt werden. Wie gesagt, wir können ihnen aus dem Weg gehen, aber ohne Misstrauen oder Hass.

21. Die Suche nach der Wahrheit und die Notwendigkeit, Irrtümer und Unwissenheit zu überwinden

Wenn mich jemand davon überzeugen oder mir zeigen kann, dass ich in meinen Gedanken oder Taten falschliege, werde ich mich gerne ändern. Ich suche die Wahrheit, und die Wahrheit hat noch nie jemandem geschadet. Was schadet, ist das Verharren im Irrtum oder in der Unwissenheit.

22. Die Erfüllung meiner Pflicht ohne Ablenkung

Ich tue meine Pflicht und lasse mich im Übrigen nicht von etwas ablenken, das leblos oder unvernünftig ist oder das den richtigen Weg verloren hat oder ignoriert.

23. Möge die Großmut und Freiheit des Geistes führen

Benutze die tierische Schöpfung und auch alle materiellen Dinge mit dem Geist der Großmut und der Freiheit, der demjenigen eigen ist, der Vernunft hat, wenn er das benutzt, was sie nicht hat. Verhalte dich den Menschen gegenüber, die Vernunft haben, in einem sozialen Geist. Bei jedem Geschäft rufe die Götter zu Hilfe und sorge dich nicht darum, wie lange das Geschäft dauert; drei Stunden, die du damit verbracht hast, mögen dir genügen.

24. Alexander von Makedonien und sein Maultiertreiber: Tod und Existenz

Alexander von Makedonien und sein Maultiertreiber befanden sich, als sie starben, in einem ähnlichen Zustand. Sie wurden entweder in den Urgrund aller Dinge zurückversetzt oder in die Atome zerstreut.

25. Die unendliche Vielfalt des Universums - sowohl körperlich als auch geistig

Bedenke all die vielen Dinge, sowohl körperliche als auch geistige, die im selben Augenblick in jedem von uns herumschwirren; und du wirst dich umso weniger über die weitaus größere Menge an Dingen wundern, sogar über alles, was ist, die zusammen in dem Einen und Ganzen existieren, das wir das Universum nennen.

26. Die Bedeutung der Achtsamkeit bei der Erfüllung von Aufgaben

Wenn dich jemand fragt, wie der Name Antoninus geschrieben wird, würdest du ihm dann nicht sorgfältig jeden einzelnen Buchstaben aussprechen? Wenn er dann einen wütenden Streit darüber anfängt, würdest du dann nicht auch wütend werden und ihm die einzelnen Buchstaben sanft vorzählen? Denke also im Leben daran, dass jede Pflicht aus einer Reihe von Elementen besteht. Wir sollten sie alle in aller Ruhe beachten und uns ohne Zorn auf die, die uns böse sind, an die Erfüllung der Aufgabe machen, die vor uns liegt.

27. Was ist der wahre Nutzen der Toleranz gegenüber den Fehlern anderer?

Ist es nicht grausam, Menschen davon abzuhalten, das zu verfolgen, was ihnen zum eigenen Vorteil erscheint? Und doch verweigerst du ihnen gewissermaßen diese Freiheit, wenn du dich über ihre Fehler ärgerst. Die Menschen werden sicherlich von dem angezogen, was ihnen als Vorteil erscheint. "Ja", sagst du, "aber es ist nicht ihr Vorteil." Unterrichte sie also und mach ihnen das klar, aber ohne Zorn.

28. Die philosophische Bedeutung des Todes

Der Tod ist das Aufhören der Sinneseindrücke, der Triebe, der Leidenschaften, der Befragungen der Vernunft und der Knechtschaft des Fleisches.

29. Die Diskrepanz zwischen Körper und Seele

Es ist eine Schande und Entehrung, wenn im Leben eines Menschen die Seele von ihrer Pflicht abweicht, während der Körper noch durchhält.

30. Die Tugenden und Lehren des Antoninus: Ein Vorbild für ein erfülltes Leben

Achte darauf, nicht in den Cäsarismus zu verfallen; meide diesen Makel, denn er kann dich treffen. Bewahre deine Einfachheit, Güte, Aufrichtigkeit, Würde, Zurückhaltung, Liebe zur Gerechtigkeit, Frömmigkeit, Freundlichkeit, Zuneigung zu deinen

Verwandten und Pflichttreue. Bemühe dich ernsthaft, so zu bleiben, wie es die Philosophie von dir verlangen würde. Verehre die Götter und hilf der Menschheit. Das Leben ist kurz, und die einzige Frucht, die du in dieser Welt ernten kannst, ist ein reiner Geist und selbstloses Verhalten. Sei in allem ein Schüler von Antoninus. Eifere seiner Entschlossenheit im vernünftigen Handeln, seiner Ausgeglichenheit, Frömmigkeit, Gelassenheit, Sanftmut, Verachtung für Eitelkeit und seinem Eifer, die Dinge zu verstehen, nach. Erinnere dich daran, wie er niemals ein Thema aufgab, bevor er es nicht gründlich studiert und verstanden hatte, wie er es ertrug, wenn man ihn zu Unrecht beschuldigte, ohne eine wütende Erwiderung zu geben; wie er niemals in Eile war; wie er Verleumdungen entmutigte; wie genau er das Verhalten und die Taten der Menschen untersuchte; wie vorsichtig er war, wenn er jemandem Vorwürfe machte; wie frei von Furcht, Verdächtigungen und Spitzfindigkeiten; wie wenig er sich mit Haus, Möbeln, Kleidung, Essen und Dienern zufriedengab; wie geduldig er bei der Arbeit war und wie langsam im Zorn. Er lebte so enthaltsam, dass er es bis zum Abend aushielt, ohne sich zu erleichtern, außer zur üblichen Stunde. Was für ein fester und treuer Freund er war, wie geduldig er den offenen Widerspruch gegen seine Meinung ertrug und wie froh er war, wenn ihn jemand zurechtweisen konnte! Wie religiös er war und doch frei von Aberglauben! Treten Sie in seine Fußstapfen, damit Ihr Gewissen in Ihrer letzten Stunde so rein ist wie das seine.

31. Nüchternheit und Bewusstsein: Zwischen Traum und Realität

Sei nüchtern und besinne dich auf deine Sinne. Schüttle den Schlaf von dir ab und erkenne, dass es ein Traum war, der dich beunruhigt hat; und jetzt, wo du wieder hellwach bist, betrachte die wache Welt wie den Traum.

32. Die Gleichgültigkeit des Körpers und Geistes für Vergangenheit und Zukunft

Ich bestehe aus einem schwachen Körper und einer Seele. Für den Körper sind alle Dinge gleichgültig, weil er sie nicht unterscheiden kann; und für den Geist sind auch alle Dinge gleichgültig, die nicht aus seiner eigenen Tätigkeit entstehen. All diese Dinge liegen zwar in seiner Macht, aber er beschäftigt sich nur mit den Dingen, die in der Gegenwart liegen. Seine vergangenen und zukünftigen Aktivitäten sind ihm jetzt gleichgültig.

33. Arbeit ist nicht gegen die Natur des Menschen

Keine Arbeit für Hand oder Fuß ist gegen die Natur, solange sie für Hand oder Fuß angemessen ist. Ebenso wenig ist die Arbeit gegen die Natur des Menschen als Mensch, solange er eine Arbeit verrichtet, die für den Menschen bestimmt ist; und wenn sie nicht gegen seine Natur verstößt, kann sie nicht schlecht für ihn sein.

34. Vergnügungen von Räubern, Wüstlingen, Vatermördern und Tyrannen

Wie viele Vergnügungen haben Räuber, Wüstlinge, Vatermörder und Tyrannen genossen!

35. Die Beziehung zwischen Kunsthandwerkern und ihren Regeln im Vergleich zu anderen Berufen

Siehst du nicht, wie gewöhnliche Kunsthandwerker, auch wenn sie die Öffentlichkeit bis zu einem gewissen Grad belustigen, an den Regeln ihrer Kunst festhalten und es nicht ertragen, von ihnen abzuweichen? Ist es nicht bedauerlich, dass der Architekt und der Arzt die Regeln ihrer jeweiligen Berufe mehr respektieren als der Mensch seine eigene Vernunft, die er mit den Göttern gemeinsam hat?

36. Die Kleinheit der Dinge und die Quelle aller Dinge

Asien und Europa sind nur Ecken des Universums; das ganze Meer ist nur ein Tropfen, Athos ein Klumpen. Die ganze Gegenwart ist nur ein Augenblick in der Ewigkeit. Alle Dinge sind klein, wandelbar und flüchtig. Alles entspringt der universellen Intelligenz, entweder direkt oder als Folge davon. So sind die Kiefer der Löwen, Gifte, alle bösen Dinge wie Dornen oder Morast die Folgen des Großen und Schönen. Bilde dir also nicht ein, dass sie dem, was du verehrst, fremd sind, sondern denke an die Quelle aller Dinge.

37. Die Gleichheit der Dinge in Vergangenheit und Zukunft

Wer die Gegenwart gesehen hat, hat alles gesehen, was von Ewigkeit her gewesen ist oder bis in alle Ewigkeit sein wird, denn alle Dinge sind gleich in Art und Form.

38. Die Verbindung aller Dinge im Universum: Harmonie und Einheit

Betrachte häufig die Verbindung aller Dinge im Universum und ihre Beziehung zueinander. Alle Dinge sind in gewisser Weise miteinander verwoben und stehen sich deshalb gegenseitig bei. Denn ein Ding folgt dem anderen in der richtigen Reihenfolge, durch lokale Bewegungen und durch die Harmonie und Einheit des Ganzen.

39. Liebevoll mit den Gegebenheiten des Schicksals umgehen

Passe dich den Dingen an, die dir dein Schicksal gegeben hat: Liebe diejenigen, mit denen du zusammenlebst, und liebe sie mit aufrichtiger Zuneigung.

40. Die Macht der Natur und die Ordnung des Universums

Ein Werkzeug, ein Instrument, ein Utensil, ist in gutem Zustand, wenn es zu seiner eigentlichen Arbeit taugt; doch sein Schöpfer bleibt nicht bei ihm. Aber in den Organismen der Natur bleibt die Kraft, die sie geschaffen hat, und wohnt in ihnen. Deshalb solltest du diese Macht umso mehr verehren, weil du glaubst, dass, wenn du ihrem Willen gehorchst, dir alles in Vernunft widerfährt; denn in der Vernunft ordnet das Universum alles.

41. Die Macht der Urteile und der Verantwortung

Wann immer wir uns vorstellen, dass etwas, das nicht in unserer Macht liegt, gut oder böse für uns ist, wenn uns das Böse widerfährt oder wir das Gute verpassen, geben wir unweigerlich den Göttern die Schuld und hassen die Menschen, die die Ursache für unser Unglück oder unseren Verlust sind oder die wir dafür verdächtigen. Unsere Sorge um solche Dinge führt zu viel Ungerechtigkeit; wenn wir aber nur die Dinge, die in unserer Macht stehen, als gut oder böse beurteilen, gibt es keinen Grund mehr, die Götter anzuklagen oder die Menschen zu hassen.

42. Die verschiedenen Rollen beim großen Werk des Universums

Wir arbeiten alle an einem großen Werk mit, einige mit Wissen und Verstand, andere unwissend und ohne Absicht. In diesem Sinne denke ich, sagt Heraklit, dass die Menschen sogar im Schlaf arbeiten und gemeinsam an allem arbeiten, was im Universum geschieht. Jeder arbeitet auf eine andere Art und Weise, und selbst die, die murmeln und versuchen, sich dem Lauf der Natur zu widersetzen und ihn zu vereiteln, tragen reichlich dazu bei. Die Welt braucht sogar solche Menschen. Es liegt also an dir, dich zu entscheiden, in welche Klasse du dich einordnest. Der herrschende Geist wird dich mit Sicherheit auf die eine oder andere Weise für einen guten Zweck einsetzen und dich zu seinen Arbeitern und Mitstreitern zählen. Aber sieh zu, dass die Rolle, die dir zufällt, nicht in dem vulgären komischen Teil des Stücks liegt, von dem Chrysippus gesprochen hat.

43. Die Zusammenarbeit der Sonne, des Regens und der Sterne

Gibt die Sonne vor, das Werk des Regens zu verrichten, oder Äskulapius das der Ceres? Was ist mit den verschiedenen Sternen? Sind sie nicht alle verschieden und arbeiten doch alle gemeinsam für dasselbe Ziel?

44. Das Vertrauen in das Schicksal und die Bedeutung des eigenen Handelns

Wenn die Götter über mich und mein Schicksal nachgedacht haben, war das zweifellos ein guter Rat. Es ist schwer vorstellbar, dass es den Göttern an Voraussicht mangelt, und was könnte sie dazu bewegen, mir absichtlich Schaden zuzufügen? Welcher Vorteil würde sich daraus ergeben, weder für sie selbst noch für das Universum, für das sie besonders sorgen? Wenn sie nicht speziell über mich nachgedacht haben, so haben sie es sicherlich über das allgemeine Interesse des Universums getan, und deshalb sollte ich das Schicksal, das sich aus ihrer Anordnung ergibt, fröhlich und zufrieden akzeptieren. Wenn sie in der Tat über nichts beraten (was zu glauben eine Ungerechtigkeit wäre), dann sollten wir unsere Opfer, unsere Gebete, unsere Eide und alle Handlungen der Hingabe aufgeben, die wir jetzt ausführen, als ob sie unter uns lebten und sich bewegten. Aber auch wenn die Götter sich nicht um meine Angelegenheiten kümmern, kann ich trotzdem über mich selbst nachdenken. Es ist meine Aufgabe, an mein eigenes Interesse zu denken. Das Interesse eines jeden Menschen ist das, was mit seiner Natur übereinstimmt, und meine Natur ist rational und sozial. Als Antoninus ist meine Stadt und mein Land Rom; als Mensch ist es die Welt. Nur das, was diesen beiden Städten nützt, kann auch mir nützen.

45. Die Vorteile individuellen Erlebens für die Menschheit insgesamt

Alles, was dem Einzelnen geschieht, kommt dem Ganzen zugute. Das würde genügen. Aber wenn du genau hinschaust, wirst du sehen, dass es auch eine allgemeine Wahrheit ist, dass alles, was einem Menschen widerfährt, für den Rest der Menschheit von Vorteil ist. Der Begriff "Gewinn" ist hier etwas allgemeiner zu verstehen und bezieht sich auf gleichgültige Dinge.

46. Das Ende der Langeweile

Im Amphitheater und an anderen solchen Orten werden dieselben oder ähnliche Schauspiele, die immer wieder gezeigt werden, am Ende langweilig. So ist es auch in unserer gesamten Lebenserfahrung. Alle Dinge, die ersten und die letzten, sind gleich und gleich abgeleitet. Wann wird das Ende sein?

47. Die Wichtigkeit von Wahrheit, Gerechtigkeit und Freundlichkeit

Denke immer wieder an all die Menschen, die tot und vergangen sind, Menschen jeder Art und Standes, jeder Art von Beschäftigung und jeder Nation. Kehre zurück zu Philistion, Phoebus und Origanion. Übertrage sie auf andere Generationen der Toten. Wir müssen alle unseren Wohnsitz wechseln und an den

Ort gehen, an dem schon so viele große Redner, so viele ehrwürdige Philosophen wie Heraklit, Pythagoras, Sokrates und so viele Helden gegangen sind, denen so viele Generäle und Prinzen gefolgt sind. Dazu kommen noch Eudoxus, Hipparchus, Archimedes und andere kluge, große, fleißige, schlaue und hochmütige Geister, die zusammen mit Menippus und seinen Brüdern auf witzige Weise über das sterbliche Leben spotteten, das nur für einen Tag ist. Bedenke, dass sie alle schon längst in ihren Gräbern liegen. Und was schadet es ihnen oder gar den Menschen, deren Namen man nicht mehr kennt? Das Wertvollste im Leben ist es, es in einem beständigen Kurs der Wahrheit und Gerechtigkeit zu verbringen, mit Freundlichkeit sogar gegenüber den Falschen und Ungerechten.

48. Blicke auf die Vorzüge um dich herum, um dein Herz aufzumuntern

Wenn du dein Herz aufmuntern willst, betrachte die verschiedenen Vorzüge derer, die um dich herum leben. Betrachte die Aktivität des einen, die Bescheidenheit des anderen, die Großzügigkeit eines dritten und die anderen Tugenden der anderen. Nichts erfreut das Herz so sehr wie Beispiele - je mehr, desto besser - von Güte, die sich im Charakter der Menschen um uns herum zeigt. Deshalb sollten wir solche Beispiele immer vor Augen haben, um darüber nachzudenken.

49. Die Wichtigkeit der Zufriedenheit mit unserer begrenzten Zeit

Bist du traurig, dass du nur diese paar Pfunde wiegst und nicht dreihundert? Wenn nicht, gibt es einen größeren Grund zur Sorge, wenn du nur so viele Jahre lebst und nicht länger? Du bist mit der dir zugeteilten Menge an Materie zufrieden; begnüge dich also auch mit der Zeitspanne, die dir zusteht.

50. Der Weg zum Erfolg trotz Widerstand

Versuche, die Menschen davon zu überzeugen, mit dir übereinzustimmen; aber ob sie zustimmen oder nicht, verfolge den Weg, den du vorgezeichnet hast, wenn die Grundsätze der Gerechtigkeit in diese Richtung weisen. Wenn sich dir jemand mit

Gewalt widersetzt, gib dich geschlagen und zeige nicht, dass du verletzt bist. Nutze die Behinderung für die Ausübung einer anderen Tugend und erinnere dich daran, dass dein Vorhaben unter dem Vorbehalt stand, dass du nicht auf Unmögliches abzielst. Was war denn schließlich dein Ziel? Eine gute Leistung wie diese zu erbringen. Dann hast du es geschafft, auch wenn du dein erstes Ziel nicht erreicht hast.

51. Die unterschiedlichen Quellen des Glücks: Handeln, Empfindungen und Arbeit

Der eitle und berühmte Mensch setzt sein Glück auf die Taten anderer. Der sinnliche Mensch findet es in seinen eigenen Empfindungen. Der weise Mensch verwirklicht es in seiner eigenen Arbeit.

52. Die Macht der persönlichen Meinung: Selbstbestimmung und innerer Frieden

Du hast es in der Hand, dir keine Meinung über dieses oder jenes zu bilden und so inneren Frieden zu haben. Materielle Dinge haben nicht die Macht, unsere Meinung für uns zu bilden.

53. Effektives Zuhören: Eine wichtige Gewohnheit für gute Kommunikation

Gewöhne dir an, genau zuzuhören, was andere sagen, und dich so weit wie möglich in die Gedanken des Sprechers oder der Sprecherin hineinzuversetzen.

54. Die Bedeutung der Gemeinschaft für das Individuum

Was dem Schwarm nicht nützt, nützt auch der Biene nicht.

55. Die Frage nach der Autorität und Verantwortung von Lotsen und Ärzten in schwierigen Situationen

Wenn die Seeleute ihren Lotsen oder die Kranken ihren Arzt schmähen, wem werden sie dann folgen oder gehorchen? Und wie will der eine die Sicherheit der Mannschaft oder der andere die Gesundheit der Kranken gewährleisten?

56. Verlust von Weggefährten - Ein trauriger Rückblick

Wie viele, die mit mir die Welt betreten haben, sind schon von uns gegangen!

57. Die Macht des Denkens über Emotionen

Den Gelbsüchtigen scheint Honig bitter zu sein, und Wasser ist für die, die von wütenden Hunden gebissen wurden, eine Sache des Schreckens. Für Jungs ist ein Ball eine herrliche Sache. Warum bin ich dann wütend? Hat der Irrtum im Kopf weniger Macht als ein wenig Galle im Gelbsüchtigen oder ein wenig Gift in dem, der gebissen wird?

58. In Harmonie mit der Natur leben - die Freiheit des eigenen Lebenswegs

Kein Mensch kann dich daran hindern, nach dem Plan deiner Natur zu leben; und nichts kann dir widerfahren, was dem Plan der Natur des Universums widerspricht.

59. Die Bedeutung der Menschlichkeit und das Streben nach Zielen

Bedenke, wer die Menschen sind, wem sie gefallen wollen, was sie sich davon versprechen und wie sie ihre Ziele erreichen wollen. Denke daran, wie bald die Ewigkeit alles umhüllen wird und wie viel bereits umhüllt ist.

BUCH 7

— Sei freundlich, sei tugendhaft, sei in Frieden

Bleibt euren Überzeugungen treu, denn Schlechtigkeit ist euch vertraut. Euer Wert liegt in Zuneigung, also überlegt genau, was ihr sagt. Gib dein Bestes mit dem, was du hast, und vertraue auf dich selbst und sei in Frieden mit ungewisser Zukunft. Denken Sie daran, dass alles Physische verschwinden wird, aber abstrakte Dinge werden ins Universum aufgenommen. Lass Handlungen natürlich sein oder Sinn ergeben, denn alles ist unbeständig. Verbreite Freundlichkeit und weigere dich, dich zu verändern, um anzupassen, denn Verständnis bringt Trost. Glück entsteht, wenn du deinen Platz kennst und tugendhaft bist. Tod und Veränderung sind natürlich, also lerne, loszulassen und zu vergeben. Konzentriere dich auf Gegenwart, sei freundlich und lebe im Jetzt. Tugendhaftes Handeln ist edel, also kämpfe für das, was richtig ist, und schätze Schönheit. Alles ist zyklisch, und wir können aus Vergangenheit lernen, um Welt zu einem besseren Ort zu machen. Bleiben Sie positiv und entschlossen, und streben Sie nach Spitzenleistungen.

1. Das Laster: Vergängliche Wiederkehr in der Geschichte

Was ist das Laster? Es ist das, was du schon oft gesehen hast. Denke bei jeder Gelegenheit daran, dass du das Gleiche schon oft gesehen hast. Suche nach oben und unten; du wirst überall das Gleiche finden. Unter den Ereignissen, die die Geschichte des

Altertums, des Mittelalters und der Gegenwart füllen, unter den Dingen, von denen unsere Städte und unsere Haushalte heute voll sind, ist nichts neu, alles ist vertraut und vergänglich.

2. Wie man das Leben immer wieder erneuern kann

Wie können die großen Prinzipien des Lebens tot werden, wenn die Eindrücke, die ihnen entsprechen, nicht ausgelöscht werden? Diese Eindrücke kannst du immer noch wieder aufleben lassen. Ich kann mir immer die richtige Meinung über dieses oder jenes bilden; und wenn das so ist, warum werde ich dann beunruhigt? Was außerhalb meines Verstandes ist, hat keine Bedeutung für ihn. Wenn du das lernst, stehst du aufrecht und kannst dein Leben immer wieder erneuern. Sieh die Dinge wieder so, wie du sie einst gesehen hast, und dein Leben wird wieder neu.

3. Die Bedeutung von Anspruch und Standhaftigkeit im Leben

Deine eitle Sorge um Shows, um Bühnenstücke, um Herden und Herden, deine kleinen Kämpfe sind wie Gräten, die für den Streit von Welpen geworfen werden, wie Köder, die in einen Fischteich geworfen werden, wie die Mühen der Ameisen und die Lasten, die sie tragen, wie das Hetzen verängstigter Mäuse oder die Possen von Marionetten, die an Drähten zucken. Es ist deine Pflicht, inmitten all dessen standhaft zu bleiben, freundlich und nicht stolz, aber dennoch zu verstehen, dass der Wert eines Menschen nur der Wert dessen ist, was er anstrebt.

4. Die Bedeutung von Achtsamkeit in Gesprächen und Unternehmungen

Im Gespräch sollten wir gut auf das achten, was gesagt wird, und bei jeder Unternehmung sollten wir darauf achten, was getan wird. In letzterem Fall solltest du sofort auf das Ziel achten, in ersterem auf die Bedeutung.

5. Ist mein Verstand ausreichend für dieses Geschäft?

Reicht mein Verstand für dieses Geschäft aus oder nicht? Wenn er ausreicht, benutze ich ihn für die anstehende Arbeit als ein Instrument, das mir von der Natur gegeben wurde. Wenn er nicht ausreicht, weiche ich entweder einem anderen aus, der besser dafür geeignet ist, oder, wenn das aus irgendeinem Grund nicht der richtige Weg ist, mache ich es so gut ich kann, indem ich die Hilfe derer in Anspruch nehme, die durch die Lenkung meines Verstandes etwas erreichen können, das für das Gemeinwohl geeignet und nützlich ist. Denn alles, was ich tue, ob allein oder mit der Hilfe anderer, sollte nur auf das ausgerichtet sein, was für den öffentlichen Dienst geeignet und nützlich ist.

6. Verlorene Ruhm und vergangene Zeiten

Wie viele von denen, die einst so mächtig gefeiert wurden, sind der Vergessenheit anheim gefallen! Und wie viele von denen, die sie bejubelt haben, sind heute schon tot und verschwunden!

7. Ohne Scham Hilfe annehmen: Ein wichtiger Schritt für Ihr persönliches Wachstum

Schämt euch nicht, Hilfe anzunehmen. Es liegt an dir, deinen Teil zu tun, wie an einem Soldaten, wenn die Mauer gestürmt wird. Was aber, wenn du lahm bist und die Zinnen nicht allein erklimmen kannst, sondern nur mit der Hilfe eines anderen?

8. Die Zukunft mit Vernunft und Gelassenheit meistern

Mache dir keine Sorgen um die Zukunft. Du wirst sie, wenn es sein muss, mit der gleichen Vernunft angehen, die du auch für deine jetzige Aufgabe benutzt.

9. Die Verbundenheit aller Dinge im Universum

Alle Dinge sind miteinander verbunden, in einem heiligen Band. Kaum eine Sache ist der anderen völlig fremd. Sie sind alle aneinander gereiht und bilden ein geordnetes Ganzes. Das Universum, das aus allen Dingen besteht, ist eins; durch alle Dinge fließt die eine Gottheit; das Sein ist eins; und das Gesetz, die allen intelligenten Geschöpfen gemeinsame Vernunft, und auch die Wahrheit ist eins, das heißt, wenn es nur eine Art von Vollkommenheit gibt, die allen Wesen möglich ist, die von derselben Natur sind und an derselben Vernunftkraft teilhaben.

10. Die Vergänglichkeit des Materiellen und die Aufnahme in die Universelle Vernunft

Alles Materielle wird bald von der Materie des Ganzen verschlungen, und jede aktive Ursache wird schnell wieder in die Universelle Vernunft aufgenommen. Die Erinnerung an alle Dinge wird schnell in der Ewigkeit begraben.

11. Das Handeln nach der Natur als Handeln nach der Vernunft

Im denkenden Wesen ist das Handeln nach der Natur das Handeln nach der Vernunft.

12. Aufrechte Haltung: Natürlich oder korrigiert

Sei aufrecht, entweder von Natur aus oder durch Korrektur.

13. Die Bedeutung einer organischen Einheit und die Liebe zur Menschheit

In einer organischen Einheit spielen die körperlichen Glieder dieselbe Rolle wie die denkenden Wesen unter den getrennten Existenzen, denn beide sind für ein gemeinsames Wirken eingerichtet. Dieser Gedanke wird dir umso deutlicher vor Augen geführt, wenn du dir oft sagst: "Ich bin ein Glied des mächtigen Organismus, der aus vernunftbegabten Wesen besteht." Wenn du dich nicht als Mitglied, sondern nur als Teil davon bezeichnest, hast du noch keine aufrichtige Liebe für die Menschheit entwickelt. Noch liebst du das Gute nicht um seiner selbst willen, und du erfüllst immer noch deine bloße Pflicht, ohne daran zu denken, dass du durch diese Tat dein eigener Wohltäter bist.

14. Die Macht der Selbstbestimmung und Unversehrtheit

Lass von der Welt draußen auf die Teile einwirken, die einer solchen Zuneigung unterliegen. Lass den Teil, der leidet, über das Leiden klagen, wenn er will. Ich aber, wenn ich nicht zugeben will, dass der Vorfall böse ist, bleibe unversehrt. Es nicht zuzugeben, liegt sicher in meiner Macht.

15. Die Wichtigkeit eines guten Charakters übertrifft Besitztümer

Mag jeder sagen oder tun, was er will, ich muss ein guter Mensch sein. Es ist so, wie Gold, Smaragd oder Purpur ständig sagen könnten: "Mögen die Menschen tun oder sagen, was sie wollen, ich muss ein Smaragd sein und meinen Glanz bewahren."

16. Die Unabhängigkeit der herrschenden Seele

Die Seele, die dich beherrscht, ärgert sich nicht selbst. Sie weckt zum Beispiel nicht ihre eigenen Ängste oder erweckt ihre eigenen Wünsche. Wenn ein anderer Kummer oder Schrecken in ihr wecken kann, soll er das tun. Durch seine eigenen Eindrücke wird er nicht in solche Emotionen geführt.

Lass den Körper, wenn er kann, an sich selbst denken, damit er nicht leidet und sich beschwert, wenn er leidet. Die Seele, durch die wir Angst und Kummer erfahren und durch die wir überhaupt einen Eindruck davon bekommen, wird kein Leid zulassen. Du kannst sie nicht zu einer solchen Meinung zwingen.

Der herrschende Teil ist in sich selbst frei von jeglicher Abhängigkeit, es sei denn, er macht sich selbst abhängig. Genauso kann er frei von allen Störungen und Behinderungen sein, wenn er sich nicht selbst stört und behindert.

17. Der Kampf gegen die Einbildung

Glück zu haben bedeutet, einen guten Geist oder ein gutes Gemüt zu haben. Was tust du hier, Einbildung? Verschwinde, sage ich, so wie du gekommen bist. Ich brauche dich nicht mehr. Du bist gekommen, sagst du, nach deiner alten Art: Ich bin nicht zornig auf dich, aber verschwinde!

18. Die Notwendigkeit von Veränderungen für die Natur des Universums

Hast du Angst vor Veränderungen? Was kann ohne sie kommen? Was kann angenehmer oder angemessener für die universelle Natur sein? Kannst du dein Bad heizen, wenn sich das Holz nicht verändert? Kannst du dich ernähren, wenn sich deine Nahrung nicht verändert? Kann man irgendetwas Nützliches tun, ohne sich zu verändern? Siehst du denn nicht, dass auch diese Veränderung, die in dir wirkt, genauso ist wie diese, und ebenso notwendig für die Natur des Universums?

19. Die Vergänglichkeit des Lebens und die Einheit aller Körper

Durch die Substanz des Universums werden alle Körper getragen, wie durch einen Strom. Sie sind alle von der gleichen Natur und arbeiten mit dem Ganzen zusammen, so wie unsere einzelnen Glieder miteinander zusammenarbeiten. Wie viele Chrysippus, wie viele Sokrates, wie viele Epiktetus hat der Lauf der Zeit verschluckt! Dieser Gedanke soll dich bei jedem Menschen und bei jeder Gelegenheit begleiten.

20. Die Natur des Menschen respektieren und ihr folgen

Allein darum geht es mir: dass ich nichts tue, was nicht der Natur des Menschen entspricht, nichts, wie die Natur des Menschen es nicht haben will, nichts, was sie nicht schon will.

21. Das Vergessen aller Dinge - Eine nahende Zeit

Die Zeit ist nahe, in der ihr alles vergessen werdet und in der alle euch vergessen werden.

22. Die Liebe zu den Sündern: Eine besondere Aufgabe des Menschen

Es ist die besondere Aufgabe des Menschen, auch die zu lieben, die irren; und zu dieser Liebe kommst du, wenn du dir vor Augen führst, dass auch diese Sünder deine Verwandten sind und dass sie aus Unwissenheit und gegen ihren Willen sündigen. Denke auch daran, dass du und sie bald sterben müssen: Denke vor allem daran, dass sie dir nicht geschadet haben, denn sie haben deine Seele nicht schlechter gemacht, als sie vorher war.

23. Der ewige Wandel der Natur

Die herrschende Natur formt aus der universellen Substanz, wie aus Wachs, mal ein Pferd, mal zerbricht sie es wieder und macht aus seiner Materie einen Baum, danach einen Menschen und wieder etwas anderes. Jede dieser Formen besteht nur für eine kurze Zeit. Dennoch ist es für die Truhe nicht schlimmer, zerlegt zu werden, als es früher war, zusammengesetzt zu werden.

24. Der Zusammenhang zwischen Äußerem und Innerem

Ein zorniger Blick ist völlig gegen die Natur. Wenn das Gesicht oft so verunstaltet wird, stirbt seine Schönheit, wird schließlich für immer ausgelöscht und kann nicht wieder aufleben. Allein daran kannst du erkennen, dass es gegen die Vernunft ist. Und wenn auch der Sinn für das moralisch Böse verschwunden ist, warum sollte der Mensch dann noch am Leben bleiben wollen?

25. Die Natur als ewige Wandlerin des Universums

In kurzer Zeit wird die Natur, die oberste und universelle Herrscherin, alle Dinge, die du siehst, verändern; aus ihrer Substanz wird sie andere Dinge machen, und wieder andere aus der Substanz dieser, damit das Universum immer neu wird.

26. Aufsicht auf falsche Vorstellungen von Gut und Böse: Vergeben und Nachsicht üben

Wenn dich jemand beleidigt, überlege sofort, wie er sich in seinen Vorstellungen von Gut oder Böse geirrt hat. Wenn du siehst, wo sein Fehler liegt, wirst du Mitleid mit ihm haben und weder überrascht noch verärgert sein. Vielleicht hältst du sogar selbst die gleichen oder ähnliche Dinge für gut wie er. Dann ist es deine Pflicht, ihm zu vergeben. Und wenn du von diesen falschen Vorstellungen von Gut und Böse ablässt, wird es dir umso leichter fallen, demjenigen Nachsicht zu gewähren, der sich immer noch irrt.

27. Schätzen Sie, was Sie bereits haben, und vermeiden Sie Verzweiflung

Kümmere dich nicht so sehr um das, was dir fehlt, sondern um das, was du schon hast. Wähle das Beste von dem, was du hast, und denke daran, wie sehr du dich danach gesehnt hättest, wenn es dir nicht gehört hätte. Doch sei wachsam, damit du dich nicht durch die Freude an dem, was du hast, daran gewöhnst, es zu hoch zu schätzen, so dass du, wenn es dir fehlen sollte, verzweifelt wärst.

28. Die Bedeutung der inneren Einkehr und Handlungsweise

Zieh dich in dich selbst zurück. Die vernunftbegabte Kraft, die dich beherrscht, findet natürlich Zufriedenheit mit sich selbst, in gerechtem Handeln und in der Ruhe, die solches Handeln mit sich bringt.

29. Lebe im Hier und Jetzt: Kontrolle über Fantasie und Impulse

Blende die Fantasie aus. Zähme die brutalen Impulse der Leidenschaften. Beschränke deine Energien auf die Gegenwart. Beobachte klar und deutlich alles, was dir selbst oder einem anderen passiert. Unterscheide und analysiere alle Objekte in Ursache und Wirkung. Mach dir Gedanken über deine letzte Stunde. Lass die Sünde eines anderen dort, wo die Schuld liegt.

30. Konzentration auf das Wesentliche: Verständnis und Fokus

Richte deinen Geist auf das, was gesagt wird. Durchdringe alle Geschehnisse und deren Ursachen.

31. Die Schönheit der Einfachheit und Bescheidenheit: Das harmonische Zusammenspiel von Gut und Böse

Erfreue dich an Einfachheit, Bescheidenheit und Gleichgültigkeit gegenüber allen Dingen, die zwischen Gut und Böse liegen. Liebe die Menschen und gehorche Gott. "Alle Dinge", sagt jemand, "laufen nach Gesetz und Ordnung." Aber was ist, wenn es nichts jenseits der Atome gibt? Selbst wenn das so wäre, genügt es, sich daran zu erinnern, dass alle Dinge, bis auf ganz wenige, dem Gesetz folgen.

32. Die Natur des Todes in Bezug auf das Universum und Atome

Was den Tod betrifft: Wenn das Universum eine Ansammlung von Atomen ist, ist der Tod eine Zerstreuung dieser Atome; wenn es eine geordnete Einheit ist, ist der Tod eine Auslöschung oder eine Versetzung in einen anderen Zustand.

33. Der Wert des Schmerzes in unserer Erlösung

Bezüglich des Schmerzes: Schmerz, der nicht zu ertragen ist, bringt uns Erlösung. Schmerzen, die andauern, müssen erträglich sein. Der Geist kann sich vom Körper lösen, und die Seele nimmt keinen Schaden. Was die Teile angeht, die unter Schmerzen leiden, so sollen sie, wenn sie können, ihren eigenen Protest äußern.

34. Vergänglichkeit und Veränderung im Leben

Was die Herrlichkeit betrifft: Bedenke den Verstand der Menschen, was sie meiden und was sie verfolgen. Und bedenke, dass, so wie Sandhaufen übereinander getrieben werden und die späteren Verwehungen die früheren begraben und verbergen, so werden auch im Leben die früheren Zeitalter bald vom nächsten begraben.

35. Die Perspektive eines großen Geistes auf das menschliche Leben und den Tod

Das ist von Platon: "'Kann dem Mann, der einen wirklich großen Verstand hat und alle Zeit und alles Sein betrachtet, das menschliche Leben als eine große Sache erscheinen?' 'Unmöglich', sagt der andere. 'Kann ein solcher Mensch den Tod fürchten?' 'Nein, in der Tat.'"

36. Die Pflicht eines Königs: Gutes tun und Kritik ernten

Es ist ein Sprichwort von Antisthenes, dass es die Aufgabe eines Königs ist, Gutes zu tun und Tadel zu ernten.

37. Die Entfremdung des Verstandes und des Antlitzes

Es ist eine Schande, dass das Antlitz dem Verstand gehorcht, dass es sich zusammensetzt und ordnet, wie der Verstand es befiehlt, während der Verstand sich nicht zusammensetzen und ordnen kann, wie er will.

38. Die Bedeutungslosigkeit der Ärgernisse

Es ist nicht richtig, sich über die Dinge zu ärgern, denn sie kümmern sich nicht darum.

39. Die Freude der unsterblichen Götter und uns

Gib den unsterblichen Göttern und uns Freude.

40. Das natürliche Zyklus des Lebens

Das Leben muss geerntet werden wie die reifen Ähren. Ein Mensch wird geboren, ein anderer stirbt.

41. Der Glaube an die Götter und ihre Fürsorge für uns

Wenn die Götter sich nicht um mich und meine Kinder kümmern, gibt es einen Grund dafür.

42. Die Kraft des Guten und Gerechten

Denn das Gute ist bei mir, und das Gerechte.

43. Vermeide das Anschließen an das Wehklagen anderer und das Zeigen intensiver Emotionen

Schließe dich nicht dem Wehklagen anderer an, keine heftigen Emotionen.

44. Platon's Konzept von Wert und Gerechtigkeit

Von Platon: -"Ich würde ihm diese gerechte Antwort geben: "Du irrst, mein Freund, wenn du glaubst, dass ein Mensch von Wert die Chancen auf Leben und Tod zählen sollte. Sollte er nicht vielmehr bei allem, was er tut, einfach überlegen, ob er gerecht oder ungerecht handelt, ob er die Rolle eines guten oder eines schlechten Menschen spielt?'"

45. Der Wert der Festigkeit in der militärischen Disziplin

Er sagt weiter: "In Wahrheit, Athener, sieht die Sache so aus: Wo immer ein Mann seinen Platz gewählt hat, weil er ihn für den geeignetsten hält, oder wo immer er von seinem Befehlshaber stationiert wird, dort sollte er meiner Meinung nach auf jeden Fall bleiben, ohne Rücksicht auf den Tod oder ein anderes Übel als Schande."

46. Das wahre Edle und Gute: Leben und der Wille Gottes

Nochmals: "Überlegen Sie, mein Freund, ob das, was wirklich edel und wirklich gut ist, nicht etwas ganz anderes ist als Retten und gerettet werden. Der Mensch, der wirklich ein Mensch ist, sollte sich nicht darauf versteifen, noch ein paar Jahre zu leben, noch sollte er dies zum Ziel seiner Wünsche machen. Vielmehr sollte er die Angelegenheit dem Willen Gottes überlassen; er sollte der Maxime zustimmen, die auch Frauen benutzen, dass 'kein Mensch seinem Schicksal entgehen kann', und darüber hinaus studieren, wie er das Leben, das ihm bleibt, zum Besten verbringen kann."

47. Betrachtung des Himmels und der Elemente: Reinigung für das irdische Leben

Betrachte den Lauf der Sterne, wie es einer tun sollte, der sich mit ihnen dreht. Betrachte auch ohne Unterlass die Veränderungen der Elemente, eines in ein anderes. Spekulationen über solche Dinge reinigen den Dreck dieses irdischen Lebens.

48. Überblick über das Irdische: Platon's Perspektive

Es ist ein guter Gedanke von Platon, dass wir, wenn wir über die Menschen sprechen, "wie von einem hohen Ort" auf alles Irdische herabschauen sollten: auf Herden und Heere, auf Viehzucht und Heirat, auf Trennungen, Geburten und Todesfälle, auf den Tumult der Gerichte, auf die Wüsten der Erde, auf das abwechslungsreiche Schauspiel der wilden Völker, auf Feste und Klagen, auf den Verkehr, auf das Durcheinander aller Dinge und die Ordnung, die aus ihrer Gegensätzlichkeit hervorgeht.

49. Betrachtung der Vergangenheit und Vorhersage der Zukunft

Betrachte die Vergangenheit und die Umwälzungen so vieler Reiche; dann kannst du voraussehen, was in Zukunft geschehen wird. Es wird in allen Dingen immer dasselbe sein; noch können die Ereignisse den Rhythmus verlassen, in dem sie sich jetzt bewegen. Deshalb ist es dasselbe, das menschliche Leben in vierzig Jahren zu betrachten, wie in unzähligen Jahren. Was gibt es da noch zu sehen?

50. Die zyklische Natur des Lebens und die Rückkehr zur Erde und zum Himmel

Was von der Erde stammt, kehrt zur Erde zurück, aber das, was aus den Himmeln kommt, steigt wieder zum Himmel auf. Das bedeutet entweder das Auflösen eines Knotens von Atomen oder eine ähnliche Zerstreuung von unveränderlichen Elementen. Es liegt in der zyklischen Natur des Lebens, dass der materielle Körper, der aus der Erde geboren wurde, nach dem Tod wieder zur Erde zurückkehren wird. Aber die Seele, die göttlichen Ursprungs ist, kehrt in den Himmel zurück. Dies kann als die Auflösung unserer materiellen und spirituellen Teile in ihre jeweiligen elementaren Ursprünge betrachtet werden. Der Prozess spiegelt das größere Muster der Zerstreuung und Wiederherstellung der Grundbausteine der Natur wider.

51. Der unausweichliche Sturm des Todes: Akzeptanz statt Widerstand

Durch Essen, Trinken, Zaubersprüche und magische Künste versuchen die Menschen, den Lauf des Todes umzuleiten und dem Sturm zu entgehen, der von Gott her weht und den wir zwar mühsam, aber nicht bereuend ertragen müssen. Trotz der Versuche der Menschen, das Leben mit materiellen Mitteln zu verlängern, sind die Winde der Sterblichkeit, die von der göttlichen Vorsehung bestimmt werden, unausweichlich. Wir müssen diesem Sturm mit Resignation und Ausdauer trotzen und fleißig arbeiten, ohne zu klagen. Der Versuch, die Ankunft des Todes durch körperliche Heilmittel und okkulte Praktiken zu verhindern, ist angesichts der kosmischen Ordnung letztlich sinnlos. Akzeptanz ist klüger als vergeblicher Widerstand.

52. Ein besserer Ringer, doch nicht gesellschaftsfähig oder bescheiden: Eine Betrachtung seiner Beziehung zu anderen

Er ist ein besserer Ringer als du, aber nicht gesellschaftsfähiger, bescheidener oder besser auf die Zufälle des Schicksals vorbereitet; nicht sanfter gegenüber den Unzulänglichkeiten seiner Nächsten.

53. Die Bedeutung der Vernunft und der Natur für unser Wohlergehen

Wo immer wir nach der Vernunft handeln können, die Göttern und Menschen gemeinsam ist, da haben wir nichts zu befürchten. Wo wir von einer erfolgreichen Tätigkeit profitieren können, die im Einklang mit der Verfassung unserer Natur steht, brauchen wir keinen Schaden zu befürchten.

54. Mit Achtsamkeit das gegenwärtige Glück nutzen und sich angemessen verhalten

An allen Orten und zu allen Zeiten kannst du dein gegenwärtiges Glück ehrfürchtig annehmen und mit deiner jetzigen Gesellschaft gerecht umgehen. Du sollst dich bemühen, alle aufkommenden Vorstellungen zu verstehen, damit sie sich nicht an dich heranschleichen, bevor du sie verstehst.

55. Die Natur des Menschen: Ziele, Vernunft und Selbstbeherrschung

Erforsche nicht die Seelen anderer, sondern blicke geradewegs auf das Ziel, zu dem dich die Natur führt; die Natur des Universums durch äußere Ereignisse und deine eigene Natur durch die Tendenz deines eigenen Handelns. Jedes Wesen muss die Aufgabe erfüllen, für die es geschaffen wurde. Alle anderen Wesen wurden um derer willen erschaffen, die Vernunft haben, so wie alle niederen Dinge um derer willen existieren, die ihnen überlegen sind, und die vernunftbegabten Wesen wurden füreinander geschaffen. Das erste Prinzip in der Natur des Menschen ist also der soziale Geist, und das zweite ist der Sieg über die Verlockungen des Körpers. Denn die Vernunft muss sich selbst Grenzen setzen und darf weder von den Rufen der Sinne noch von den Regungen der Leidenschaft überwältigt werden, die beide ihrer Natur nach tierisch sind. Der Verstand beansprucht, über sie zu herrschen und ihnen niemals unterworfen zu sein; und das zu Recht, denn er ist in der Lage, alle niederen Kräfte zu beherrschen und zu nutzen. Das dritte Element in der Verfassung eines denkenden Wesens ist die Warnung vor Unbesonnenheit und Irrtum. Wenn die Seele im

Besitz dieser Prinzipien ihren Weg geradlinig geht, ist sie im Besitz ihres vollen Besitzes.

56. Die Kunst des Lebens: Jenseits der Hoffnung leben

Betrachte dich selbst als tot, dein Leben als beendet und vergangen. Lebe das, was dir noch bleibt, nach den Gesetzen der Natur, als einen Überschuss, der dir jenseits deiner Hoffnung gewährt wird.

57. Die Bedeutung des persönlichen Glücks im Schicksal

Liebe nur das, was dein Glück ist, was dir als dein Teil in der großen Spinnerei des Schicksals zufällt. Was könnte besser zu dir passen?

58. Wie man sich bei Unglück verhalten kann

Behalte bei jedem Unglück diejenigen im Blick, denen Ähnliches widerfahren ist. Sie stürmten auf das Ereignis zu, wunderten sich und beklagten sich. Aber wo sind sie jetzt? Sie sind für immer verschwunden. Warum solltest du dich genauso verhalten? Überlass diese unnatürliche Aufregung den wankelmütigen Menschen, die sich verändern und verändert werden. Überlege dir selbst, wie du solche Ereignisse gut nutzen kannst. Es gibt einen guten Nutzen für sie; sie werden Anlass für gute Taten sein. Lass es dein einziges Bestreben und dein einziger Wunsch sein, bei jeder Handlung deine eigene Anerkennung zu gewinnen; und denke daran, dass die materiellen Objekte dieser Bemühungen und dieses Wunsches gleichgültig sind.

59. Innere Quelle des Guten: Entdecke sie in dir

Schau nach innen. Im Inneren ist die Quelle des Guten. Grabe beständig und es wird immer wieder sprudeln.

60. Die Bedeutung einer ausdrucksstarken Körperhaltung und Bewegung

Halte den Körper gleichmäßig und ohne Unregelmäßigkeiten in seinen Bewegungen und in seiner Haltung. Denn so wie sich die Seele im Antlitz durch eine weise und anmutige Haltung zeigt, sollte sie die gleiche Ausdruckskraft vom ganzen Körper verlangen. Aber all dies muss ohne Affektiertheit praktiziert werden.

61. Die Kunst des Lebens: Eine Metapher zum Ringen und Standhalten

Die Kunst des Lebens gleicht eher der des Ringers als der des Tänzers; denn der Ringer muss immer auf der Hut sein und den plötzlichen, unvorhergesehenen Bemühungen seines Gegners standhalten.

62. Die Bedeutung der Anerkennung durch andere Menschen für unser Wohlbefinden

Überlege ständig, was für Menschen das sind, deren Anerkennung du begehrst, und wie es um ihre Seele bestellt ist. Dann wirst du weder diejenigen anklagen, die unfreiwillig irren, noch brauchst du ihr Lob, wenn du in die Quellen ihrer Meinungen und ihrer Wünsche schaust.

63. Die Bedeutung der Tugend in Platon's Lehre

"Jede Seele", sagt Platon, "trennt sich widerwillig von der Wahrheit." Das Gleiche gilt für Gerechtigkeit, Mäßigung, Gutmütigkeit und jede andere Tugend. Es ist sehr wichtig, dass du dir das immer vor Augen hältst, denn dann wirst du allen Menschen gegenüber freundlicher sein.

64. Der Umgang mit Schmerzen: Eine Perspektive aus der stoischen Philosophie

Denke bei allem Schmerz daran, dass er nicht niederträchtig ist, dass er der Seele, die dich leitet, nicht schaden kann und dass er die Seele als denkende oder soziale Kraft nicht zerstört. Bei den meisten Schmerzen hilft dir der Ausspruch von Epikur: "Der Schmerz ist weder unerträglich noch ewig, wenn du dir seine engen Grenzen vor Augen hältst und keine Zusätze deiner Einbildung zulässt." Denke auch daran, dass wir uns, obwohl wir es nicht sehen, über viele Dinge ärgern, die von der gleichen Art sind wie Schmerzen, wie zum Beispiel Müdigkeit, übermäßige Hitze oder Appetitlosigkeit. Wenn dich eines dieser Dinge stört, sage dir, dass du dem Schmerz nachgibst.

65. Das Empfinden gegenüber unmenschlichen Menschen

Achte darauf, dass du gegenüber den unmenschlichsten Menschen nicht so empfindest, wie sie es gegenüber ihren Mitmenschen tun.

66. Die Seele des Sokrates: Ein Genie ohne Gleichen?

Woraus schließen wir, dass Telauges kein größeres Genie hatte als Sokrates? Es reicht nicht aus, dass Sokrates glorreicher gestorben ist oder schärfer mit den Sophisten gestritten hat; oder dass er in einer frostigen Nacht geduldig Wache gehalten hat; oder dass er, als ihm befohlen wurde, den unschuldigen Salaminianer zu verhaften, es für edler hielt, nicht zu gehorchen; oder dass er sich in der Öffentlichkeit mit irgendeiner Prahlerei schmückte, an die wir zu Recht nicht glauben dürfen. Aber selbst wenn das alles wahr ist, müssen wir uns bei Sokrates fragen, welche Art von Seele er hatte. Konnte er sich damit zufriedengeben, gerecht gegenüber Menschen und fromm gegenüber den Göttern zu handeln, ohne sich über die Laster anderer zu ärgern oder ihnen in ihrer Unwissenheit unterwürfig zu schmeicheln? Er hielt nichts für seltsam, was der Herrscher des Universums bestimmt hatte, er ließ sich nicht von etwas überwältigen, das ihm unerträglich erschien, und er gab seine Seele niemals den Leidenschaften des Fleisches hin.

67. Die Grenzen der Seele und das Glück des Lebens

Die Natur hat die Seele nicht so sehr mit dem Körper verschmolzen, dass sie ihre eigenen Grenzen nicht selbst bestimmen und ihr eigenes Amt nicht selbst ausüben kann. Es ist sehr wohl möglich, ein Gott unter den Menschen zu sein und dennoch von niemandem erkannt zu werden. Denke immer daran und auch daran, dass das Glück des Lebens in sehr wenigen Dingen liegt. Auch wenn du daran verzweifelst, in der Logik oder in der Wissenschaft groß zu werden, brauchst du nicht daran zu verzweifeln, ein freier Mensch voller Bescheidenheit, Selbstlosigkeit und Gehorsam gegenüber Gott zu werden.

68. Gelassenheit und Selbstbewahrung in schwierigen Zeiten

Es steht in deiner Macht, über alle Gewalt hinweg und in größter Gelassenheit zu leben, auch wenn alle Menschen gegen dich schimpfen würden, wie es ihnen beliebt, und wenn wilde Tiere die elenden Glieder dieser fleischlichen Masse, die mit deinem Wachstum gewachsen ist, zerreißen würden. Was sollte die Seele bei all dem daran hindern, sich selbst in aller Ruhe zu bewahren, die Dinge um sich herum richtig zu beurteilen und alles zu nutzen, was ihr in den Weg gelegt wird? Das Urteilsvermögen kann dem Zufall sagen: "Dein wahres Wesen ist dieses oder jenes, auch wenn du in den Augen der Menschen anders aussiehst." Der Gebrauch kann zu den Umständen sagen: "Ich habe dich gesucht. Für mich ist alles, was da ist, eine Sache der rationalen und sozialen Tugend, kurz gesagt, der Kunst, die dem Menschen und Gott eigen ist. Alles, was geschieht, ist für die Zwecke Gottes oder des Menschen geeignet und vertraut. Nichts ist neu oder unlösbar, sondern alles ist bekannt und geeignet, um daran zu arbeiten."

69. Die Vollkommenheit der täglichen Moral

Es ist die Vollkommenheit der Moral, jeden Tag so zu verbringen, als wäre es der letzte des Lebens, ohne Aufregung, ohne Trägheit und ohne Heuchelei.

70. Die Geduld der Götter mit den Sündern

Die Götter, die unsterblich sind, ärgern sich nicht darüber, dass sie in einer langen Ewigkeit immer wieder die Schlechtigkeit und die Vielzahl der Sünder ertragen müssen. Nein, sie schenken ihnen sogar jede Art von liebevoller Fürsorge. Aber du, der du bald aufhören wirst zu existieren, kannst es nicht mehr ertragen, obwohl du selbst einer der Sünder bist!

71. Die Flucht vor dem Laster in anderen

Es ist lächerlich, dass du nicht vor dem Laster in dir selbst fliehst, wie du es in deiner Macht hast, sondern immer noch danach strebst, vor dem Laster in anderen zu fliehen, was du niemals tun kannst.

72. Das Urteil über minderwertiges Vermögen

Was immer das rationale und soziale Vermögen weder für rationale noch für soziale Zwecke für geeignet hält, stuft es mit Recht als minderwertig ein.

73. Die Kraft der guten Taten: Warum reicht sie allein nicht aus?

Wenn du eine gute Tat vollbracht hast, hat ein anderer davon profitiert. Warum verlangst du, wie die Narren, noch etwas Drittes dazu - den Ruf des Wohlwollens oder eine Gegenleistung dafür.

74. Der Vorteil des natürlichen Handelns: Gewinn für alle durch Taten

Kein Mensch wird dessen überdrüssig, was ihm Gewinn bringt, und dein Gewinn liegt darin, der Natur gemäß zu handeln. Sei also nicht müde, durch die Tat zu gewinnen, die anderen Gewinn bringt.

75. Die Rationalität in der Natur und ihre Auswirkungen

Die Natur hat sich daran gemacht, ein geordnetes Universum zu schaffen; und nun folgt entweder alles, was ist, einem Gesetz notwendiger Konsequenz und Verbindung, oder wir müssen zugeben, dass es in den Dingen, die am besten sind und die den Impulsen des universellen Geistes als besondere Objekte erscheinen, am wenigsten Rationalität gibt. Wenn du dich daran erinnerst, wirst du bei vielen Gelegenheiten zur Ruhe kommen.

BUCH 8

— Leben in Harmonie mit der Natur

Übernehmen Sie die Kontrolle über Ihr Leben und finden wahre Zufriedenheit, indem Sie im Einklang mit Prinzipien leben. Konzentrieren Sie sich auf, was Sie sich wirklich wünschen und überlegen, ob Handeln anderen zugutekommt. Nehmen Veränderungen an und nutzen jedes Hindernis als Gelegenheit, Aktivitäten zu verfolgen, die mit menschlicher Bestimmung übereinstimmen. Alles existiert hat einen Zweck, also betrachten Dinge ganzheitlich, um Gleichgewicht zu finden. Sprechen Sie mit Respekt und Demut und vertrauen darauf, dass Handlungen letztendlich Menschheit zugutekommen werden. Haben Angst vor unaufhörlicher Veränderung Universums und akzeptieren, dass alle Dinge vergänglich sind. Schätzen Vergänglichkeit, Lebens und seien nicht zu streng mit sich selbst, wenn Dinge nicht so laufen wie geplant. Sie haben Macht, Ihr göttliches Potenzial freizusetzen und etwas zu tun, um Welt zu verbessern. Wachen auf und tun etwas Gutes für andere, nehmen Schwierigkeiten in Kauf und entscheiden sich heute gut zu sein. Sie haben Chance, Beste aus Zeit zu machen, also handeln und beklagen sich nicht.

1.   Das Streben nach einem philosophischen Leben

Um eitlen Ruhm zu unterdrücken, hilft es, sich daran zu erinnern, dass es nicht mehr in deiner Macht steht, dein ganzes Leben, selbst von deiner Jugend an, zu einem Leben zu machen, das eines Philosophen würdig ist. Viele wissen es, und auch du selbst weißt, wie weit du von Weisheit entfernt bist. Du bist verwirrt, und es wird nicht leicht sein, den Ruf eines Philosophen zu erlangen. Die Bedingungen deines Lebens sind dem entgegengesetzt. Wenn ihr nun seht, wie die Dinge wirklich sind, vergesst alle Gedanken an euer Ansehen bei den Menschen und lasst es genügen, so lange zu leben, wie es eure Natur verlangt, auch wenn es nur der karge Rest eines Lebens ist. Studiere also den Willen deiner Natur und kümmere dich um nichts anderes. Du hast dich viel angestrengt und bist viel gewandert, aber du hast nirgendwo das Glück gefunden: nicht in Syllogismen, nicht in Reichtum, nicht in Ruhm oder Vergnügen, in gar nichts. Wo ist es dann? Indem du die Rolle spielst, die die menschliche Natur verlangt. Wie kannst du diese Rolle spielen? Indem du Prinzipien zur Quelle deiner Wünsche und Handlungen machst. Welche Prinzipien? Die Prinzipien von Gut und Böse: Nichts ist gut für einen Menschen, was ihn nicht gerecht, gemäßigt, mutig und frei macht; und nichts kann böse sein, was ihn nicht zum Gegenteil von all dem macht.

2. Die Bedeutung der Konsequenzen unserer Handlungen

Frag dich bei jeder Handlung, welche Folgen sie für mich hat. Werde ich es nie bereuen? Ich werde bald tot sein, und all diese Dinge werden verschwinden. Was sollte ich mir mehr wünschen, wenn mein jetziges Handeln einem intelligenten und sozialen Wesen entspricht, das demselben Gesetz unterliegt wie die Götter?

3. Die Natur der Dinge: Ein Vergleich der großen Philosophen

Alexander, Cäsar, Pompejus, was waren sie im Vergleich zu Diogenes, Heraklit und Sokrates? Sie kannten die Natur der Dinge, ihre Ursachen und ihre Materie, und ihr Verstand war eins mit ihnen. Was die ersteren betrifft, wie viele Dinge haben sie geplant und wie viele waren sie versklavt!

4. Das unaufhaltsame Streben der Menschen trotz Protest

Die Menschen werden trotzdem ihren Weg gehen, auch wenn du in Protest ausbrichst.

5.   Die Natur des Menschseins und das Streben nach Güte

Lass dich vor allen Dingen nicht beunruhigen. Alles kommt so, wie es die universelle Natur will, und in kurzer Zeit wirst du wie Hadrianus und Augustus von uns gehen und verschwinden. Dann schau dir genau an, was geschehen ist, und denke daran, dass es deine Pflicht ist, ein guter Mensch zu sein. Tu unbeirrt, was die Natur des Menschen verlangt, und sprich so, wie es dir am gerechtesten erscheint, aber in Freundlichkeit, Bescheidenheit und Aufrichtigkeit.

6.   Die Natur und die Veränderung

Es ist das Werk der Natur, das, was jetzt hier ist, an einen anderen Ort zu bringen, die Dinge zu verändern, sie fortzutragen und an einen anderen Ort zu setzen. Alles ist Veränderung, aber es gibt keinen Grund, sich vor Neuerungen zu fürchten, denn alles gehorcht den Gesetzen der Gewohnheit, und alle Dinge werden in gleichem Maße aufgeteilt.

7.   Die natürliche Entwicklung und Zufriedenheit in der universellen Natur

Für jede Natur ist es ausreichend, dass sie ihren Weg geht und gedeiht. Die vernunftbegabte Natur gedeiht, wenn sie sich keiner falschen oder unsicheren Meinung anschließt, wenn sie ihre Impulse allein auf selbstlose Ziele richtet, wenn sie ihre Wünsche und Abneigungen nur auf die Dinge richtet, die in ihrer Macht stehen, und wenn sie alles, was die universelle Natur bestimmt, mit Zufriedenheit aufnimmt. Die Natur eines jeden von uns ist Teil der universellen Natur, so wie das Blatt Teil des Baumes ist. Das Blatt ist zwar Teil eines unempfindlichen und unvernünftigen Systems, das in seinem Wirken behindert werden kann, aber die menschliche Natur ist Teil des universellen Systems, das nicht behindert werden kann und das intelligent und gerecht ist. Daher wird jedem ein angemessener Anteil an Zeit, Materie, Wirkprinzip, Kräften und Ereignissen zugewiesen. Doch sieh nicht darauf, dass jede einzelne Sache genau mit jeder anderen übereinstimmt. Betrachte vielmehr die gesamte Natur und die Umstände des einen und vergleiche sie mit dem Ganzen des anderen.

8. Fehlende Muße: Lesen vs. Überwindung von Anmaßungen

Dir fehlt die Muße zum Lesen; aber die Muße, alle Anmaßungen zu unterdrücken, fehlt dir nicht. Du hast die Muße, dich über Vergnügen, Schmerz und eitlen Ruhm zu erheben, deinen Zorn über die Undankbaren zu zügeln, ja, ihnen sogar liebevolle Zuwendung zu schenken.

9. Die Macht der positiven Worte: Der Hof und das Leben schätzen

Lass niemanden mehr hören, wie du über das Leben des Hofes schimpfst; ja, schmähe es nicht vor deinen eigenen Ohren.

10. Reue und die Bedeutung von Nützlichkeit und Vergnügen

Reue ist eine Selbsttadelung, weil wir etwas Nützliches vernachlässigt haben. Alles, was gut ist, muss in irgendeiner Weise nützlich sein und der Fürsorge eines guten und ehrbaren Menschen würdig sein. Ein solcher Mensch könnte es niemals bereuen, wenn er eine Gelegenheit zum Vergnügen vernachlässigt hätte. Vergnügen ist also weder nützlich noch gut.

11. Die Fragen nach der Natur der Dinge und ihrer Beständigkeit in der Welt

Frag bei jedem Ding: Was ist es an sich und in seiner Beschaffenheit? Was ist seine Substanz oder Materie? Was ist seine Ursache? Was ist seine Aufgabe im Universum? Wie lange wird es Bestand haben?

12. Das richtige Verhältnis zwischen Schlaf und sozialen Handlungen

Wenn du dich nur ungern aus dem Schlaf wecken lässt, denke daran, dass es deiner Konstitution und der menschlichen Natur entspricht, soziale Handlungen auszuführen. Den Schlaf haben wir mit den Tieren gemeinsam. Alles, was der Natur jeder Spezies entspricht, muss für sie das Richtige, das Passende und das Angenehmste sein.

13. Die Anwendung von Physik, Ethik und Dialektik auf unsere Vorstellungen

Wende ständig und, wenn möglich, bei jeder Gelegenheit die Methoden der Physik, der Ethik und der Dialektik auf deine Vorstellungen an.

14. Die Bedeutung der Grundsätze für das Verhalten eines Menschen

Wen auch immer du triffst, frage dich sofort: Was sind die Grundsätze dieses Mannes über Gut und Böse? Denn wenn er diese oder jene Lehre über Lust und Leid und deren Ursachen, über Ruhm und Schande, Tod und Leben vertritt, dann erscheint es mir weder seltsam noch verwunderlich, dass er sich so oder so verhält. Ich werde daran denken, dass er keine andere Wahl hat, als so zu handeln.

15. Die Natürlichkeit der Dinge

Denke daran: So wie es eine Torheit ist, sich zu wundern, dass ein Feigenbaum Feigen trägt, so ist es eine ebenso große Torheit, sich zu wundern, dass das Universum die Dinge hervorbringt, die es immer fruchtbar gemacht hat. Es ist töricht, wenn sich ein Arzt wundert, dass ein Mensch Fieber hat, oder ein Pilot, dass sich der Wind gegen ihn gewendet hat.

16. Das Streben nach Freiheit und Selbstbestimmung

Denke daran, dass es kein Kompromiss deiner Freiheit ist, deinen Kurs zu ändern und einem Mann zu folgen, der dich in die richtige Richtung lenken kann. Die Handlung ist deine eigene, die du aus eigenem Antrieb und nach eigenem Ermessen und nach deinem eigenen Verständnis ausführst.

17. Die Macht übernehmen und Verantwortung übernehmen

Wenn es in deiner eigenen Macht steht, warum tust du es dann so? Wenn es in der Macht eines anderen liegt, wen beschuldigst du dann? Die Atome oder die Götter? Einen von beiden zu beschuldigen, ist ein Stück Wahnsinn. Deshalb beschuldige niemanden. Richte, wenn du kannst, die Ursache des Fehlers;

wenn du das nicht kannst, korrigiere wenigstens das Ergebnis. Wenn selbst das unmöglich ist, welchen Zweck können deine Anschuldigungen dann erfüllen? Nichts sollte ohne einen Zweck getan werden.

18. Der Kreislauf des Lebens: Transformation und Akzeptanz

Das, was stirbt, fällt nicht aus dem Universum heraus. Wenn es dann hier bleibt, erfährt es auch hier eine Veränderung und wird in die Elemente aufgelöst, aus denen die Welt und auch du bestehst. Auch diese werden verändert und murren nicht.

19. Die Bedeutung und Bestimmung des Lebens: Wozu wurdest du geformt?

Das Pferd, der Weinstock - alle Dinge sind zu einem bestimmten Zweck geformt. Wo ist das Wunder? Sogar die Sonne sagt: "Ich wurde zu einem bestimmten Werk geformt", und ebenso die anderen Götter. Zu welchem Zweck wurdest du geformt? Zum Vergnügen? Schau, ob deine Seele diesen Gedanken ertragen kann.

20. Die Endlichkeit und Schönheit der Natur

Die Natur hat in allen Dingen ein Ziel, in ihrem Ende und ihrem Vergehen nicht weniger als in ihrem Anfang und ihrem Fortbestehen. Es ist wie bei einem Menschen, der einen Ball wirft. Wo ist das Gute für den Ball, wenn er aufsteigt, wo das Schlechte, wenn er fällt, und wo ist das Schlechte, wenn er herunterfällt? Wo ist das Gute der Blase, solange sie zusammenhält, wo das Böse, wenn sie zerbricht? So ist es auch mit der Lampe, die jetzt brennt und bald wieder ausgeht.

21. Die Vergänglichkeit des Körpers und die Weite der Welt

Wende das Innere dieses Körpers nach außen und betrachte ihn, wie er ist. Was soll aus ihm werden, wenn er alt oder krank wird oder verfällt? Der Lobende und der Gelobte, der Gedenkende und der Gedachte sind nur von kurzer Dauer, und das auch nur in einer Ecke dieser engen Region, in der die Menschen nicht in Eintracht leben können, nicht einmal mit sich selbst. Und doch ist die ganze Welt nur ein Punkt.

22. Heute gut zu sein ist besser als morgen gut zu werden

Achte gut auf das, was vor dir liegt, sei es ein Prinzip, eine Tat oder ein Wort. Dein Leiden ist wohlverdient, denn du willst lieber morgen gut werden, als heute gut zu sein.

23. Die Bedeutung des Dienstes an der Menschheit und die Macht der universellen Quelle

Mache ich etwas? Lass es mich im Geiste des Dienstes an der Menschheit tun. Ist mir etwas zugestoßen? Nehme ich es an und verweise es an die Götter, die universelle Quelle, aus der alle Dinge in der Kette der Folgen kommen.

24. Die unvermeidlichen Nebenwirkungen des Badens

Die Begleiterscheinungen des Badens: Öl, Schweiß, Dreck, schmutziges Wasser - wie ekelhaft sind sie alle! Genauso ist es mit jedem Teil des Lebens und allem, was uns begegnet.

25. Der Flüchtige Lauf des Lebens

Lucilla begrub Verus und folgte ihm bald darauf ins Grab. Secunda sah den Tod von Maximus und starb bald darauf selbst. Epitynchanus begrub Diotimus, und dann wurde Epitynchanus begraben. Antoninus trauerte um Faustina, und danach wurde Antoninus betrauert. Celer begrub Hadrian, und danach wurde Celer begraben. Alle gehen den gleichen Weg. Die schlauen Männer, die das Schicksal anderer voraussahen oder die sich vor Stolz überschlugen - wo sind sie jetzt? Wo sind diese klugen Köpfe wie Charax, Demetrius, der Platoniker, und Eudaemon und ihresgleichen? Alle waren nur einen Tag lang da und sind schon lange tot; an manche erinnert man sich nicht einmal mehr kurz nach dem Tod; manche sind zu Fabeln geworden; manche sind sogar aus dem Gedächtnis der Erzählungen verschwunden. Darum bedenke: Entweder muss das arme Gemisch, das du bist, zerstreut werden, oder der schwache Hauch des Lebens muss ausgelöscht oder entfernt und an einen anderen Ort gebracht werden.

26. Die Erfüllung der Aufgabe des Menschen: Freundlichkeit und kritisches Denken

Die Freude des Menschen ist es, seine eigentliche Aufgabe zu erfüllen. Und seine eigentliche Aufgabe ist es, freundlich zu seinen Mitmenschen zu sein, sich über die Regungen des Verstandes zu erheben, jeder plausiblen Vorstellung gegenüber kritisch zu sein und die universelle Natur und all ihre Folgen zu betrachten.

27. Die dreifache Beziehung des Menschen

Wir alle haben drei Beziehungen: die erste zu den vielfältigen Anlässen unseres Zustands; die zweite zu der höchsten göttlichen Ursache, von der alle Dinge für alle Menschen ausgehen; die dritte zu denen, mit denen wir leben.

28. Der Umgang mit Schmerz: Eine Frage der Seele

Schmerz ist entweder ein Übel für den Körper, und dann soll der Körper ihn so erklären, oder ein Übel für die Seele. Aber die Seele kann ihre eigene Gelassenheit und Ruhe bewahren und sich weigern, Schmerzen als Übel zu betrachten. Alle Entscheidungen, Absichten, Wünsche und Abneigungen liegen in der Seele, zu der kein Übel aufsteigen kann.

29. Die Macht der Natur: Eine Anleitung zur inneren Reinheit

Lösche falsche Vorstellungen aus und sage dir oft: "Es liegt jetzt in meiner Macht, meine Seele frei von aller Bosheit, aller Lust, aller Verwirrung oder Störung zu erhalten. Wenn ich dann die Natur der Dinge richtig erkenne, kann ich sie in angemessenem Verhältnis nutzen. Sei dir dieser Macht, die dir die Natur gegeben hat, stets bewusst.

30. Das Verhalten und die Worte eines Ehrenmannes

Sprich, ob im Senat oder anderswo, eher mit Würde als mit Eleganz; und lass deine Worte immer gesund und tugendhaft sein.

31. Das Ende eines Hauses: Betrachtungen über den Tod und das Erbe der Nachkommen

Der Hof des Augustus, seine Frau, seine Tochter, seine Nachkommen und seine Vorfahren, seine Schwester und Agrippa, seine Verwandten, Vertrauten und Freunde, Areius und Maecenas, seine Ärzte und seine Flamen - der Tod hat sie alle. Denke als Nächstes an den Tod eines ganzen Hauses, wie das von Pompejus, und an das, was wir manchmal auf den Gräbern lesen: Er war der Letzte seines Geschlechts. Bedenke auch, wie sehr die Vorfahren solcher Männer darauf bedacht waren, ihre eigene Nachkommenschaft zu hinterlassen. Doch am Ende muss einer der Letzte sein, und mit ihm stirbt das ganze Haus.

32. Eine geordnete Lebensführung: Hindernisse überwinden und neue Wege finden

Ordne dein Leben in seinen einzelnen Handlungen, so dass es genügt, wenn jede einzelne ihr Ziel erreicht. Daran kann dich niemand hindern. Du sagst: "Kann mich nicht etwas Äußeres daran hindern?" "Nichts kann dich von Gerechtigkeit, Mäßigung und Weisheit abhalten." "Vielleicht wird aber auch eine andere Tätigkeit von mir behindert." "Stimmt, aber wenn du diesem Hindernis nachgibst und dich mit Gelassenheit dem zuwendest, was in deiner Macht steht, kannst du einen anderen Weg einschlagen, der genauso gut zu dem geordneten Leben passt, von dem wir sprechen.

33. Nimm und teile die Gaben des Glücks - ohne Stolz und Widerwillen!

Nimm die Gaben des Glücks ohne Stolz an und teile sie ohne Widerwillen.

34. Die wunderbare Möglichkeit der Vereinigung mit der Natur

Du hast gesehen, wie eine Hand, ein Fuß oder ein Kopf vom Rest des Körpers abgetrennt wurde und tot in einiger Entfernung davon lag. Auch zu solchen macht sich derjenige, der sich über das, was ihm widerfährt, ärgert, der sich von seinen Mitmenschen trennt oder eine selbstsüchtige Tat begeht. Bist du aus der natürlichen

Einheit ausgestoßen? Die Natur hat dich zu einem Teil des Ganzen gemacht, aber du hast dich von ihr abgetrennt. Doch hier gibt es die wunderbare Möglichkeit, dass du dich wieder vereinigen kannst, wenn du willst. In keinem anderen Fall hat Gott einem getrennten oder abgetrennten Teil das Privileg der Wiedervereinigung gewährt. Doch sieh dir die Güte und Großzügigkeit an, mit der Gott die Menschen beehrt hat. Zuerst sorgt er dafür, dass sie nicht von dieser Einheit getrennt werden, und dann, wenn sie doch getrennt werden, lässt er zu, dass sie wieder zurückkehren, ihren Platz als Teil des Ganzen einnehmen und wieder mit ihm eins werden.

35. Die Fähigkeit des vernünftigen Wesens, Hindernisse zu nutzen

Die universelle Natur hat jedem vernunftbegabten Wesen fast alle seine Fähigkeiten und Kräfte verliehen, und sie hat uns diese eine unter ihnen ganz besonders gegeben. So wie die Natur alles, was ihr widersteht oder sich ihr widersetzt, zu ihrem Nutzen umwandelt und in eine bestimmte Ordnung bringt, so kann jedes vernünftige Wesen jedes Hindernis, das sich ihm in den Weg stellt, zu einem geeigneten Gegenstand machen, auf den es einwirken kann, und es für seinen leitenden Zweck nutzen, was immer das auch sein mag.

36. Die Kraft der Gegenwart: Wie man mit Problemen umgeht

Verwirre dich nicht, indem du das ganze Leben betrachtest und dich mit der Vielzahl und Größe der Schmerzen und Schwierigkeiten beschäftigst, denen du wahrscheinlich ausgesetzt sein wirst. Frag dich bei jedem einzelnen Problem: Gibt es irgendetwas Unerträgliches und Unausstehliches daran? Du wirst dich schämen, es zuzugeben. Und dann erinnere dich daran, dass es weder die Vergangenheit noch die Zukunft ist, die dich bedrücken kann, sondern immer nur die Gegenwart. Und die Übel der Gegenwart werden viel weniger werden, wenn du sie in ihren eigenen Grenzen hältst und deine Seele zur Rede stellst, wenn sie nicht einmal dieser einen Sache standhalten kann.

37. Trauernde Seelen und vergängliche Körper

Sitzen Panthea oder Pergamus jetzt trauernd am Grab des Verus, oder Chabrias oder Diotimus am Grab des Hadrian? Absurd! Und wenn sie immer noch trauern würden, könnten ihre Herren es dann merken? Oder wenn sie es bemerkten, würde es ihnen Freude bereiten? Und wenn sie sich darüber freuen würden, könnten die Trauernden dann ewig leben? War es nicht Schicksal, dass sie zu alten Männern und Frauen wurden und dann starben? Was würde dann aus den illustren Toten werden, wenn diese treuen Seelen nicht mehr da waren? Und all diese Mühen für einen schnöden Körper, der nichts als Blut und Verderben ist!

38. Die Bedeutung eines scharfen Blicks: Nutzung mit Umsicht und Weisheit

Wenn du einen scharfen Blick hast, sagt der Philosoph, dann nutze ihn mit Umsicht und Weisheit.

39. Die Rolle der Tugend in der menschlichen Verfassung

In der Verfassung des vernunftbegabten Wesens sehe ich keine Tugend, die dazu gemacht ist, die Gerechtigkeit zu zügeln; aber ich sehe Enthaltsamkeit, die dazu gemacht ist, die sinnliche Lust zu zügeln.

40. Die Bedeutung der Vernunft beim Umgang mit Schmerz

Nimm deine Meinung über die Dinge, die dir scheinbar Schmerzen bereiten, und du stehst selbst auf dem sichersten Boden. Was ist dieses Selbst? Es ist die Vernunft. Ich bin nicht die Vernunft, sagst du. Dann lass die Vernunft nicht selbst schmerzen, sondern überlasse jeden Teil von dir, der leidet, seiner eigenen Meinung über den Schmerz.

41. Die Auswirkungen von Behinderungen auf die Natur

Die Behinderung eines Sinnes ist ein Übel für die tierische Natur, genauso wie die Behinderung eines ihrer Triebe. Es gibt noch andere Arten der Behinderung, die für die Natur der Pflanzen ein Übel sind. Auch für die rationale Natur ist die Behinderung des Verstandes ein Übel. Wende all dies auf dich selbst an. Wirken

Schmerz und Freude auf dich? Lass die Sinne darauf schauen. Behindert irgendetwas deine Pläne? Wenn du ohne die richtigen Vorbehalte geplant hast, ist das an sich schon ein Übel für dich als vernünftiges Wesen. Wenn du unter dem allgemeinen Vorbehalt geplant hast, bist du weder verletzt noch behindert. Niemand kann die richtige Arbeit des Verstandes behindern. Weder Feuer, noch Schwert, noch Tyrann, noch Verleumdung können ihn erreichen, noch irgendetwas anderes, wenn er wie eine Sphäre geworden ist, vollständig und vollkommen in sich selbst.

42. Rechtloses Ärgern: Eine Perspektive auf das Freiwillig-Ärgern

Ich habe kein Recht, mich zu ärgern, der ich noch nie jemanden freiwillig geärgert habe.

43. Persönliches Vergnügen und positive Einstellung zum Leben

Jeder Mensch hat sein eigenes Vergnügen. Meines liegt darin, dass mein Herrscherteil gesund ist; ohne Abneigung gegen irgendjemanden oder gegen ein Unglück, das der Menschheit widerfahren könnte. Doch lass mich alle Dinge mit freundlichen Augen betrachten. Ich will sie alle annehmen und nutzen, wie es ihrem Wert entspricht.

44. Der Wert der gegenwärtigen Zeit: Leben im Hier und Jetzt

Sieh zu, dass du dir den Nutzen der gegenwärtigen Zeit sicherst. Diejenigen, die einem Ruhm nachjagen, der nach ihnen leben soll, bedenken nicht, dass die Nachkommen genauso Menschen sein werden wie die, die sie jetzt ärgern, und dass auch sie sterblich sein werden. Und was bedeutet dir später das Getrappel ihrer Stimmen oder die Meinung, die sie über dich haben werden?

45. Die innere Gelassenheit inmitten von Herausforderungen

Nehmt mich und werft mich, wohin ihr wollt; ich werde meine eigene Göttlichkeit in mir heiter haben, das heißt, zufrieden, während jeder Zustand und jede Handlung dem Gesetz ihrer eigenen Verfassung entspricht.

Ist irgendein Ereignis von solchem Wert, dass meine Seele darunter leidet oder schlimmer wird; dass meine Seele sich wie ein armer Bittsteller niederwirft oder erschrickt? Kannst du etwas finden, das all das wert ist?

46. Empörung hat keinen Grund: Die Erträglichkeit der universellen Natur

Nichts kann einem Menschen widerfahren, was nicht menschliches Glück ist. Einem Ochsen, einer Rebe oder einem Stein kann nichts passieren, was nicht das natürliche Schicksal ihrer Art ist. Wenn also nur das passieren kann, was üblich und natürlich ist, welchen Grund gibt es dann für Empörung? Die universelle Natur hat nichts über euch gebracht, was ihr nicht ertragen könnt.

47. Das Urteil über Äußerlichkeiten und die Macht der Selbstkorrektur

Wenn du dich über etwas Äußeres ärgerst, ist es nicht die Sache selbst, die dich betrübt, sondern dein Urteil darüber. Es liegt in deiner Macht, dieses Urteil auszulöschen. Wenn du über irgendetwas in deiner eigenen Veranlagung betrübt bist, wer kann dich daran hindern, deine Lebensprinzipien zu korrigieren? Wenn du dich darüber ärgerst, dass du ein Werk, das dir gut und tugendhaft erscheint, nicht in Angriff nimmst, dann tue es lieber, als dich darüber zu ärgern, dass es nicht getan wurde. Aber irgendeine höhere Macht hält es aus.

48. Die Unbesiegbarkeit der zufriedenen Seele

Denke daran, dass der herrschende Teil unbesiegbar wird, wenn er, in sich selbst gesammelt, zufrieden ist, wenn er sich weigert, das zu tun, was er nicht will, selbst wenn sein Widerstand unvernünftig ist. Was wird sie dann sein, wenn sie nach reiflicher Überlegung ihr Urteil nach der Vernunft gefällt hat? Die Seele, die auf diese Weise frei von Leidenschaften ist, ist eine starke Festung, und der Mensch kann keine stärkere finden, zu der er fliehen kann, um fortan unbesiegbar zu sein. Der Mensch, der dies nicht erkannt hat, ist unwissend. Wer es erkannt hat und nicht dorthin flieht, ist unglücklich.

49. Die Bedeutung des ersten Eindrucks und die Akzeptanz des Schicksals

Sprich nicht mehr zu dir selbst als das, was die Erscheinungen direkt aussagen. Es wird dir gesagt, dass der eine oder andere schlecht über dich gesprochen hat. Das allein wird dir gesagt, und nicht, dass du dadurch verletzt wirst. Ich sehe, dass mein Kind krank ist; das sehe nur ich. Ich sehe nicht, dass es in Gefahr ist. Halte dich also an den ersten Anschein; füge ihm nichts von innen hinzu, und es wird dir kein Leid geschehen; oder füge vielmehr die Erkenntnis hinzu, dass alles zum Los der Welt gehört.

50. Die Schönheit der Natur: Eine Betrachtung über ihre Fähigkeit zur Transformation

Ist der Flaschenkürbis bitter? Nimm ihn von dir. Sind Dornen auf dem Weg? Geh zur Seite. Das ist genug. Füge nicht hinzu: "Warum wurden solche Dinge in die Welt gebracht?" Der Naturforscher würde dich auslachen, genauso wie ein Schreiner oder ein Schuhmacher, wenn du anfängst zu meckern, weil du Späne und Schnipsel von ihrer Arbeit in der Werkstatt verstreut siehst. Diese Handwerker haben Orte, an denen sie diese Abfälle wegwerfen können, aber die universelle Natur hat keinen solchen Ort außerhalb ihrer Sphäre. Das Wunderbare an ihrer Kunst ist jedoch, dass sie, nachdem sie sich selbst auf bestimmte Grenzen beschränkt hat, alle Dinge, die in ihrem Bereich verderben oder alt und nutzlos zu werden scheinen, in sich selbst verwandelt und daraus neue Formen schafft. Sie ist zufrieden mit ihrem eigenen Raum, ihrem eigenen Material und ihrer eigenen Kunst.

51. Klarheit und Gelassenheit: Der Weg zur inneren Quelle

Sei nicht träge im Handeln, nicht verwirrt im Gespräch und nicht vage in deinen Ansichten. Lass keine plötzlichen Kontraktionen oder Ausbrüche deiner Seele zu. Sei in deinem Leben nicht überhastet.

Menschen erschlagen dich, schneiden dich in Stücke, verfolgen dich mit Flüchen. Was hat das damit zu tun, dass deine Seele rein, besonnen, gemäßigt und gerecht bleibt? Was wäre, wenn jemand, der an einer klaren, süßen Quelle steht, ihr Vorwürfe machen würde? Sie würde nicht aufhören, ihr erfrischendes Wasser zu sprudeln. Wenn er Schlamm oder Mist hineinwirft, wird sie ihn schnell zerstreuen und wegspülen, ohne dass er sich dabei befleckt. Wie sollst du also diese immerwährende lebendige Quelle in dir bekommen? Wenn du dich jede Stunde, die du lebst, in einem Geist der Gelassenheit, Einfachheit und Bescheidenheit der Freiheit widmest.

52. Die Bedeutung des Universums für unsere Existenz

Wer nicht weiß, was das Universum ist, weiß nicht, was sein Platz darin ist. Wer nicht weiß, zu welchem Zweck es erschaffen wurde, kennt sich selbst nicht und kennt die Welt nicht. Derjenige, dem es an einem dieser beiden Teile des Wissens mangelt, kann nicht einmal sagen, zu welchem Zweck er selbst erschaffen wurde. Was ist das für ein Mensch, der dem Beifall nachjagt oder den Zorn derer fürchtet, die weder wissen, wo noch was sie sind?

53. Die Suche nach Anerkennung und Selbstzufriedenheit

Wünschst du dir, von einem Mann gelobt zu werden, der sich innerhalb einer Stunde dreimal verflucht? Kannst du dir wünschen, jemandem zu gefallen, der mit sich selbst nicht zufrieden ist? Kann derjenige mit sich zufrieden sein, der fast alles bereut, was er tut?

54. Die Kraft der Intelligenz: Eine Verbindung mit allem, was uns umgibt

Begnüge dich nicht länger damit, im Einklang mit der Luft zu atmen, die dich umgibt, sondern bemühe dich, im Einklang mit der Intelligenz zu fühlen, die alle Dinge umschließt. Denn die Kraft dieser Intelligenz ist nicht weniger verbreitet und durchdringend für alle, die sie in sich aufnehmen können, als die Tugend der Luft für den, der sie einatmen kann.

55. Die begrenzte Auswirkung der Schlechtigkeit auf die Welt und den Einzelnen

Es gibt keine allgemeine Schlechtigkeit, die der Welt schadet; und die besondere Schlechtigkeit eines Einzelnen schadet keinem anderen. Sie schadet nur ihm selbst, und selbst er hat das gnädige Vorrecht, dass er, sobald er es wünscht, ganz davon befreit werden kann.

56. Die Macht des individuellen Willens

Für meinen Willen ist der Wille eines anderen so gleichgültig wie sein armer Atem und sein Fleisch. Und so sehr wir auch füreinander geschaffen wurden, so hat doch der herrschende Teil eines jeden von uns seine eigene Kraft; sonst könnte das Laster eines anderen zu meinem eigenen Elend werden. Gott hat es so gewollt, dass dies nicht geschieht, damit es nicht in der Macht eines anderen liegt, mich unglücklich zu machen.

57. Die Natur der Ausbreitung des Verstandes und des Lichts

Die Sonne scheint sich überall zu verbreiten, sie durchdringt alle Dinge und erschöpft sich doch nie. Diese Ausbreitung ist eine Art Ausdehnung, und daher stammt wohl auch das griechische Wort für Strahlen. Du kannst die Natur eines Strahls beobachten, wenn du ihn durch ein kleines Loch in eine dunkle Kammer eintreten siehst. Seine Richtung ist gerade, und er wird reflektiert, wenn er auf einen festen Körper fällt, der ihn von der Luft abschirmt. Dort bleibt es stehen und rutscht oder fällt nicht. So sollte auch der Fluss und die Ausbreitung des Verstandes sein: Er erschöpft sich nie, dehnt sich immer weiter aus, stößt nicht gewaltsam oder wütend gegen die Hindernisse, die ihm begegnen, und fällt auch nicht zur Seite, sondern bleibt dort stehen und erleuchtet alles, was ihn aufnehmen will. Das, was das Licht nicht weitergibt, beraubt sich selbst seiner Strahlkraft.

58. Die Angst vor dem Tod und das Weiterleben

Wer den Tod fürchtet, fürchtet entweder das Erlöschen aller Sinne oder die Erfahrung eines neuen Sinnes. Wenn alle Sinne ausgelöscht sind, kann es keinen Sinn für das Böse geben. Wenn du eine andere Art von Sinn erfährst, wirst du ein anderes Wesen und hörst nicht auf zu leben.

59. Über das Erschaffen der Menschen und ihre Bildung

Die Menschen wurden für das eine und das andere geschaffen. Dann lehre sie besser, oder ertrage sie.

60. Die Bewegung des Verstands und des Pfeils

Der Verstand bewegt sich auf eine Weise, der Pfeil auf eine andere. Auch wenn der Verstand vorsichtig vorgeht oder überlegt, was er verfolgen soll, wird er dennoch geradewegs auf sein Ziel zugeführt.

61. Die Bedeutung des Austauschs und der Offenheit in zwischenmenschlichen Beziehungen

Dringe in den herrschenden Teil anderer ein; und erlaube auch anderen, in deinen eigenen einzudringen.

BUCH 9

— Mit Wohlwollen befähigen

Nehmen Sie einen Moment Zeit, um sich daran zu erinnern, dass das Leben ein Kreislauf aus Freude und Leid ist. Respektiere die Gesetze der Natur, strebe nach Vergnügen statt Schmerz, fliehe die Gefahr, um Sünde zu vermeiden, und akzeptiere den Tod und das Unbekannte. Verstehe die Konsequenzen ungerechter Handlungen, finde Zufriedenheit in Gottes Willen und kläre deinen Geist, um dich mit der Natur in Einklang zu bringen. Stärken Sie Ihr Wohlwollen, suchen Sie Glück durch Güte und entlasten Sie Ihre Seele, um Frieden zu finden. Taten sprechen lauter als Gefühle, und ein neutraler Stein hat weder Nutzen noch Schaden. Die Untersuchung eigener Gefühle kann bei Konflikten mit Selbstwahrnehmung helfen, und Veränderungen sind unvermeidlich. Setzen Sie sich für das Gemeinwohl ein und finden Sie Trost bei den Göttern. Akzeptieren Sie die Unvermeidlichkeit von Entscheidungen, die Auseinandersetzung mit sich selbst, die Vergänglichkeit des Lebens, die Last der Unschuld und den unendlichen Kreislauf des Universums. Wähle Bescheidenheit statt Eitelkeit, vermeide Unangenehmes und befreie dich von Meinungen. Konzentrieren Sie sich bei Betrachtung der Komplexität des Lebens auf Absicht, lernen Sie Sanftmut in einer Welt der Unverschämtheit und entriegeln Sie Ihren Geist durch Gebet.

1. Die Rechtmäßigkeit und Gottesfürchtigkeit in der Natur

Wer Unrecht tut, begeht Unrecht. Denn da die universelle Natur die vernunftbegabten Tiere füreinander geschaffen hat, damit ein jedes dem anderen nach seinem Verdienst nützt und niemals schadet, macht sich derjenige, der gegen ihren Willen verstößt, eindeutig der Ungerechtigkeit gegenüber den ältesten und ehrwürdigsten der Götter schuldig.

Wer lügt, sündigt gegen dieselbe Gottheit. Denn die Natur des Ganzen ist die Natur aller Dinge, die existieren; und die Dinge, die existieren, sind mit allem, was geworden ist, verwandt. Die Natur wird Wahrheit genannt und ist die erste Ursache aller Wahrheiten. Wer also freiwillig lügt, macht sich der Ungerechtigkeit schuldig, weil er durch seine Täuschung Schaden anrichtet; und wer unfreiwillig lügt, stimmt nicht mit der universellen Natur überein und stiftet Unordnung im Universum, weil er gegen seinen Plan kämpft. Wer sich gegen die Wahrheit stellt, befindet sich im Krieg mit der Natur. Er hat die Mittel vernachlässigt, mit denen die Natur ihn ausgestattet hat, und kann nun nicht mehr zwischen falsch und wahr unterscheiden.

Auch derjenige, der dem Vergnügen als Gut nachjagt und den Schmerz als Übel meidet, macht sich der Gottlosigkeit schuldig. Ein solcher Mensch muss der Natur oft die Schuld dafür geben, dass das Glück sowohl den guten als auch den schlechten Menschen unangemessen zuteil wird. Denn die Bösen genießen oft Vergnügungen und haben die Mittel, sie zu erlangen, und die Guten haben oft mit Schmerzen zu kämpfen und mit dem, was Schmerzen verursacht. Wer Schmerzen fürchtet, muss sich manchmal vor etwas fürchten, das Teil der Weltordnung ist, und das ist pietätlos. Und wer nach Vergnügen strebt, wird sich nicht von Ungerechtigkeit fernhalten, und das ist eindeutig pietätlos. In den Dingen, denen gegenüber die gewöhnliche Natur gleichgültig ist (denn sie hätte nicht beides geschaffen, wenn sie nicht gleichgültig gegenüber beidem wäre), sollte derjenige, der der Natur folgen will, auch in diesem Punkt mit ihr gleichgesinnt sein und die gleiche Gleichgültigkeit an den Tag legen. Und wer nicht gleichgültig ist gegenüber Schmerz und Vergnügen, Leben und Tod, Ruhm und Schande, die die Natur gleichgültig gebraucht, ist eindeutig gottlos. Mit der Gleichgültigkeit der Natur meine ich, dass sie allen Lebewesen, die es gibt, gleichgültig widerfährt und auf andere in der großen Kette der Folgen folgt, die mit dem ersten Impuls der Vorsehung begann. Diesem Impuls folgend hat die Vorsehung, ausgehend von einem bestimmten Anfang, die gerechte Struktur des Universums geschaffen, als sie den Plan für alles, was sein sollte, entworfen und die verschiedenen Kräfte bestimmt hatte, die die verschiedenen Substanzen, Veränderungen und Abfolgen hervorbringen sollten.

2. Die Wahl zwischen Verderbnis und Tugend

Es wäre das wünschenswertere Los, aus der Mitte der Menschen zu scheiden, die mit Falschheit, Heuchelei, Luxus oder Eitelkeit nicht vertraut sind. Die nächste Wahl wäre, zu vergehen, wenn man mit diesen Lastern überhäuft wird. Hast du dich also lieber dafür entschieden, im Bösen zu bleiben, oder hat dich die Erfahrung noch nicht dazu gebracht, aus der Mitte der Plage zu fliehen? Denn die Verderbnis des Geistes ist eine weitaus größere Plage als jede pestartige Erkrankung oder Veränderung der Luft, die wir atmen. Das eine ist eine Plage für die Tiere, aber das andere für den Menschen.

3. Der Tod als natürlicher Teil des Lebens

Verachtet den Tod nicht, sondern nehmt ihn zufrieden an, denn er gehört zu den Dingen, die die Natur will. Denn so wie es ist, jung zu sein, alt zu werden, aufzuwachsen, ausgewachsen zu sein; so wie es ist, Zähne zu bekommen, einen Bart zu tragen, zu ergrauen, zu zeugen, zu gebären, zu entbinden und alle Wirkungen der Natur zu erleben, die die Jahreszeiten des Lebens mit sich bringen, so ist es auch, im Tod aufgelöst zu werden. Es ziemt sich daher für einen weisen Menschen nicht, dem Tod gegenüber sorglos oder ungeduldig zu sein oder ihn ostentativ zu verachten; er sollte vielmehr sein Kommen als einen der Vorgänge der Natur erwarten. So wie du jetzt auf die Zeit wartest, in der das Kind aus dem Körper deiner Frau ans Licht kommt, so solltest du auch die

Stunde abwarten, in der deine Seele aus ihren Behausungen herausfällt. Wenn du dir einen gewöhnlichen Trost wünschst, hier ist ein Gedanke, der dir zu Herzen geht. Du wirst dich völlig mit dem Tod abfinden, wenn du an die Dinge denkst, die du verlassen wirst, und an die Moral der verwirrten Menge, aus der deine Seele herausgelöst werden soll. Es ist alles andere als richtig, an ihnen Anstoß zu nehmen. Es ist sogar deine Pflicht, dich um sie zu kümmern und sie milde zu behandeln. Doch bedenke, dass der Abschied, wenn er kommt, nicht mit Menschen stattfinden wird, die so denken wie du. Denn das Einzige, was dich im Leben zurückhalten und aufhalten könnte, wäre, mit Menschen zusammenzuleben, die die gleichen Lebensprinzipien wie du haben. Wenn du aber siehst, wie mühsam und anstrengend das Zusammenleben ist, wirst du vielleicht schreien: "Eile, Tod! Damit auch ich mich nicht vergesse."

4. Die Konsequenzen der eigenen Sünde: Ein Schaden, der dem Sünder selbst zugefügt wird

Der Sünder sündigt gegen sich selbst. Der Übeltäter tut sich selbst Unrecht, indem er sich böse macht.

5. Ungerechtigkeit durch Handlungen und Unterlassungen bei Menschen

Menschen sind oft sowohl durch Unterlassungen als auch durch Handlungen ungerecht.

6. Zufriedenheit mit Meinung, Handlungsweise und Stimmung

Sei mit deiner jetzigen Meinung zufrieden, wenn du dir sicher bist; mit deiner jetzigen Handlungsweise, wenn du sozial bist; mit deiner jetzigen Stimmung, wenn du mit allem zufrieden bist, was von außen auf dich zukommt.

7. Impulse beherrschen und Verlangen kontrollieren

Lösche den Eindruck aus, halte den Impuls zurück, unterdrücke das Verlangen und halte den herrschenden Teil im Zaum.

8. Die Einheit der Seele und der Vernunft

Die Seele, die unter den irrationalen Tieren verteilt ist, ist eine einzige. Die vernunftbegabten Lebewesen hingegen haben eine einzige vernunftbegabte Intelligenz. So gibt es für alles Irdische nur eine Erde, und für alle, die sehen und atmen können, gibt es nur ein Licht zum Sehen und eine Luft zum Atmen.

9. Die natürliche Anziehungskraft der Dinge

Alle Dinge, die eine gemeinsame Eigenschaft haben, werden stark von dem angezogen, was ihrer eigenen Art entspricht. Das Irdische neigt sich der Erde zu; Flüssigkeiten fließen zusammen, Luftkörper ebenso; und nichts als Kraft verhindert ihr Zusammenfließen. Das Feuer steigt aufgrund des elementaren Feuers nach oben; und es ist so bereit, sich mit allem Feuer, das hier ist, zu verbinden, dass jede ziemlich trockene Materie leicht in Brand gerät, weil das, was seine Entzündung behindert, das schwächere Element in seiner Zusammensetzung ist. So eilt auch alles, was an der allgemeinen intellektuellen Natur teilhat, in gleicher Weise oder sogar noch ausgeprägter auf das zu, was ihr ähnlich ist. Denn je mehr es andere Naturen übertrifft, desto stärker ist seine Neigung, sich mit seiner Art zu vermischen und an ihr festzuhalten. Dementsprechend finden wir unter den irrationalen Lebewesen Bienenschwärme, Viehherden, die Aufzucht der Jungen und eine Art von Liebe. Denn auch in den Tieren gibt es eine Seele, und in den edleren Naturen ist eine gegenseitige Anziehung am Werk, die es bei Pflanzen, Steinen oder Holz nicht gibt. Bei den vernunftbegabten Tieren wiederum gibt es Gesellschaften und Freundschaften, Familien und Versammlungen und im Krieg Verträge und Waffenstillstände. Unter den noch besseren Wesen gibt es, auch wenn sie weit voneinander entfernt sind, eine gewisse Art der Vereinigung, wie bei den Sternen. So kann der Aufstieg auf der Skala selbst bei weit entfernten Dingen eine Sympathie hervorrufen. Aber beachte, was unter uns geschieht. Nur intellektuelle Wesen vergessen die soziale Fürsorge füreinander und die gegenseitige Tendenz zur Vereinigung. Nur hier wird der soziale Zusammenhalt nicht gesehen. Dennoch sind sie davon umgeben und werden davon festgehalten, auch wenn sie sich bemühen, ihm zu entkommen; und die Natur setzt sich immer durch. Beobachte und du wirst verstehen, was ich meine: Denn eher findet man ein irdisches Ding, das sich mit nichts Irdischem verbindet, als einen Menschen, der von allen Menschen getrennt ist.

10. Der Mensch, Gott und das Universum tragen Früchte zur richtigen Zeit

Der Mensch, Gott und das Universum tragen alle Früchte, und jede zu ihrer Zeit. Der Brauch hat den Ausdruck zwar auf Weinstöcke und Ähnliches angewandt, aber das ist nichts. Die Vernunft trägt ihre Früchte sowohl für alle Menschen als auch für sich selbst und bringt genau so viele andere Dinge hervor, wie die Vernunft selbst ist.

11. Die Tugend der Nächstenliebe und das Streben nach Gesundheit, Reichtum und Ruhm

Wenn du kannst, lehre die Menschen besser. Wenn nicht, erinnere dich daran, dass dir die Tugend der Nächstenliebe gegeben wurde, um sie in einem solchen Fall zu nutzen. Nein, die Götter sind geduldig mit ihnen und helfen ihnen sogar bei ihrem Streben nach Gesundheit, Reichtum und Ruhm, so gnädig sind sie! Du kannst das auch sein. Wer hindert dich daran?

12. Die Macht der sozialen Weisheit: Ertragung von Mühsal und Schmerz

Ertrage Mühsal und Schmerz, nicht als ob du darunter leidest, noch als ob du um Mitleid oder Bewunderung buhlst. Wünsch dir nur eines: immer so zu handeln oder zu unterlassen, wie es die soziale Weisheit verlangt.

13. Befreit von innerem Ärger und eigenen Ansichten

Heute bin ich allem Ärger entkommen; oder besser gesagt, ich habe allen Ärger von mir vertrieben. Denn er war nicht außen, sondern innen, in meinen eigenen Ansichten.

14. Die Vergänglichkeit aller Dinge

Alle Dinge sind nach unserer Erfahrung gewöhnlich, in ihrem Bestand nur für einen Tag und in ihrer Sache schäbig. Alle Dinge sind jetzt so, wie sie zu Zeiten derer waren, die wir begraben haben.

15. Die Stimme des Herrschenden

Die Dinge stehen von sich aus, ohne dass sie uns etwas über sich selbst wissen oder sagen. Was ist es dann, das über sie spricht? Der herrschende Teil.

16. Die Bedeutung von Handeln für das vernunftbegabte Tier in der Gesellschaft

Das Gute und das Böse des vernunftbegabten Tieres, das für die Gesellschaft geschaffen ist, liegt nicht im passiven Gefühl, sondern im Handeln. Genauso liegt seine Tugend oder sein Laster nicht im Gefühl, sondern im Handeln.

17. Die Wirkung von Erfolg und Misserfolg auf das Leben eines Objekts

Für den Stein, der hochgeworfen wird, ist es kein Übel, wenn er fällt, und kein Gutes, wenn er aufsteigt.

18. Die Selbstreflexion der Menschen: Eine Furcht vor sich selbst

Dringe in die Seelen der Menschen ein, und du wirst sehen, welche Richter du fürchtest, und wie sie über sich selbst zu Gericht sitzen.

19. Der ständige Wandel von allem und jedem: Auch das Universum ist betroffen

Alle Dinge sind im Wandel. Du selbst bist ständig im Wandel und in gewisser Weise auch im Verfall begriffen. Das gilt auch für das ganze Universum.

20. Die Verantwortung für die Sünden eines anderen liegt bei ihm selbst

Die Sünde eines anderen musst du bei ihm selbst lassen.

21. Der Tod als natürlicher Wandel im Leben

Das Aufhören einer Handlung, das Erlöschen eines leidenschaftlichen Wunsches oder einer Meinung ist wie ein Tod für sie. Das ist kein Übel. Denke noch einmal an die Zeitalter deines Lebens: Kindheit, Jugend, Mannesalter, Alter. Jede dieser Veränderungen war ein Tod. Gibt es hier etwas zu befürchten? Denke jetzt an dein Leben, wie es war, zuerst unter deinem Großvater, dann unter deiner Mutter, dann unter deinem Vater; und wenn du dort viele andere Veränderungen, Wechsel und Enden findest, frage dich: Gibt es hier etwas zu befürchten? So gibt es auch nichts zu befürchten, wenn dein ganzes Leben aufhört, endet und sich verändert.

22. Die Bedeutung von Appellen an Eigenes, das Universum und den Beleidiger

Appelliere schnell an deinen eigenen regierenden Teil, an den des Universums und an den, der dich beleidigt hat. An deinen eigenen, damit du ihn zu einem der Gerechtigkeit zugeneigten Geist machst; an den des Universums, damit du dich daran erinnerst, wovon du ein Teil bist; und an seinen, damit du weißt, ob er aus Unwissenheit oder mit Absicht gehandelt hat, und damit du auch daran denkst, dass er dein Verwandter ist.

23. Die Bedeutung der sozialen Einheit und Harmonie

Du selbst bist ein Teil eines sozialen Systems, das zur Vervollständigung des Ganzen notwendig ist. Deshalb soll jede deiner Handlungen ein ähnlicher Teil des sozialen Lebens sein. Jede Handlung, die nicht unmittelbar oder aus der Ferne auf das Gemeinwohl abzielt, stört dein Leben und stört die Einheit des Ganzen. Es ist ein Aufruhr wie der eines Menschen, der in einem Gemeinwesen alles in seiner Macht Stehende tut, um sich von der allgemeinen Harmonie und Einigkeit zu trennen.

24. Kinderzank und die "Maske der Toten": Ein Blick auf unser Leben

Kinderzank! Kinderspiel! Arme Geister, die tote Leichen herumtragen! So ist unser Leben. Die "Maske der Toten" ist im Vergleich dazu verständlich.

25. Die Überlebensdauer einer Qualität in der Materie: Eine Untersuchung

Gehe zur Qualität der Ursache; entferne sie von der Materie und betrachte sie als solche. Bestimme dann die Zeit: wie lange kann dieses Ding mit dieser besonderen Qualität auf natürliche Weise bestehen.

26. Die Befreiung vom inneren Konflikt: Genug ist genug

Du hast unzählige Leiden ertragen, weil du mit deinem eigenen herrschenden Teil nicht zufrieden bist, wenn er die Dinge tut, für die er geschaffen wurde. Genug davon.

27. Wie man mit Vorwürfen und Hass umgeht

Wenn ein anderer dir Vorwürfe macht oder dich hasst oder irgendetwas in dieser Richtung sagt, dann geh zu seiner Seele, geh hinein und schau, was für ein Mensch er ist. Du wirst sehen, dass du dich nicht bemühen musst, damit er gut oder schlecht von dir denkt. Und auch die Götter helfen ihnen auf jede Weise: durch Träume, durch Orakel und sogar in den Dingen, auf die sie am meisten erpicht sind.

28. Der Lauf der Dinge in der Welt - eine ständige Veränderung

Der Lauf der Dinge in der Welt ist immer derselbe; eine ständige Drehung; auf und ab, von Zeitalter zu Zeitalter. Entweder übt sich der universelle Geist in jedem einzelnen Ereignis aus, dann musst du das akzeptieren, was unmittelbar von ihm kommt; oder er hat sich ein für alle Mal ausgewirkt, und infolgedessen gehen alle Dinge in einer notwendigen Kette von Konsequenzen immer weiter; oder aber Atome und unteilbare Teilchen sind der Ursprung aller Dinge. Kurzum: Wenn es einen Gott gibt, ist alles gut; und wenn es nur den Zufall gibt, musst du wenigstens nicht nach dem Zufall handeln.

Die Erde wird uns bald alle bedecken; und dann wird sich diese Erde selbst in andere Formen verwandeln, und diese wiederum in andere, und so weiter ohne Ende. Und wenn man bedenkt, wie schnell diese Veränderungen und Verwandlungen von einer Welle zur nächsten rollen, wird man alle sterblichen Dinge verachten.

29. Die Einfachheit und Bescheidenheit der Philosophie

Die universelle Ursache ist wie ein Wintersturzbach. Sie reißt alle mit sich fort. Wie wenig wert sind diese armen Kreaturen, die vorgeben, Staatsangelegenheiten zu verstehen, und sich einbilden, den Staatsmann und den Philosophen in sich zu vereinen! Diese schaumigen Narren! Tu das, was die Natur jetzt von dir verlangt. Mach dich daran, wenn du die Mittel dazu hast, und sieh dich nicht um, ob jemand auf dich achtet, und hoffe nicht, Platons Republik zu verwirklichen. Sei zufrieden, wenn die kleinste Sache gut läuft. Betrachte selbst ein solches Ereignis als keine Kleinigkeit. Denn wer kann die Meinung der Menschen ändern? Und was ist ihr Zustand ohne Meinungsänderung anderes als eine Sklaverei, unter der sie stöhnen, während sie vorgeben zu gehorchen? Sprich nun von Alexander, Philippus und Demetrius von Phalerum. Sie wissen am besten, ob sie verstanden haben, was die Natur von ihnen verlangt, und ob sie sich dementsprechend erzogen haben. Aber wenn sie nur den tragischen Helden spielen wollten, hat mich niemand dazu verdammt, das Gleiche zu tun. Die Arbeit der Philosophie ist einfach und bescheiden. Führe mich nicht in die Irre, wenn ich nach eitler Selbstherrlichkeit strebe.

30. Das Vergängliche des Ruhmes: Ein Blick auf das Leben und seine Bedeutung

Sieh von einer Anhöhe herab auf die unzähligen Herden, die zahllosen feierlichen Feste, die Reisen aller Art, in Stürmen und in der Flaute; die verschiedenen Zustände derer, die ins Leben kommen, sich auf die Lebensgemeinschaften einlassen und es am Ende wieder verlassen. Denke auch an das Leben, das andere früher gelebt haben, an das Leben, das sie nach dir leben werden, und an das Leben, das die barbarischen Völker jetzt führen. Wie viele von ihnen kennen nicht einmal deinen Namen; wie viele werden ihn schnell vergessen; wie viele gibt es, die dich jetzt vielleicht loben, aber bald tadeln werden. Bedenke also, dass weder der überlebende Ruhm etwas wert ist, noch der gegenwärtige Ruhm, noch überhaupt etwas.

31. Gelassenheit und Gerechtigkeit: Schlüssel zur inneren Harmonie

Lass dich durch nichts, was außerhalb deiner selbst liegt, aus der Ruhe bringen. Wenn das aktive Prinzip in dir wirkt, dann lass Gerechtigkeit walten, d.h. eine Willenshaltung und eine Handlungsweise, die das soziale Wohl zum Ziel haben und daher deiner Natur entsprechen.

32. Die Kraft der eigenen Meinung: Wie man Überflüssige Sorgen unterdrücken kann

Du kannst viele der überflüssigen Sorgen, die dich plagen, unterdrücken, denn sie liegen ganz in deiner eigenen Meinung. Auf diese Weise wirst du deinem Leben viel Raum und Leichtigkeit geben. Du kannst dieses Ziel erreichen, indem du das ganze Universum in dein Urteil einbeziehst, die Ewigkeit betrachtest und über die schnellen Veränderungen der einzelnen Dinge nachdenkst, indem du dir vorstellst, wie kurz die Zeit von ihrer Geburt bis zu ihrer Auflösung ist, wie unermesslich die Zeitalter vor dieser Geburt und wie ebenso unendlich die Ewigkeit, die auf diese Auflösung folgen wird.

33. Vergänglichkeit und Gleichheit des Todes

Alle Dinge, die ihr seht, werden schnell vergehen; und diejenigen, die sie vergehen sehen, werden sehr bald selbst sterben. Und wer als Ältester stirbt, dem wird es ebenso ergehen wie dem, der vor seiner Zeit stirbt.

34. Die tiefgründige Natur der menschlichen Seele und ihre Streben nach Liebe und Anerkennung

Was für eine Art von Seelen haben diese Menschen? Was ist das Ziel ihres Strebens, und wofür lieben und ehren sie? Stell dir ihre

Seelen nackt vor. Wenn sie meinen, dass ihre Tadel schaden oder ihr Lob uns nützt, wie groß ist dann ihr Eigendünkel!

35. Die Freude der universellen Natur: Verlust ist Veränderung, nicht das Ende

Verlust ist nichts anderes als Veränderung; in der Veränderung liegt die Freude der universellen Natur, und durch sie sind alle Dinge gut geordnet. Seit Anbeginn der Zeitalter sind sie gleich geformt, und bis in alle Ewigkeit werden sie es auch bleiben. Wie kannst du dann sagen, dass alle Dinge böse waren und immer böse sein werden, dass unter so vielen Göttern keine Macht gefunden wurde, um sie zu korrigieren, sondern dass das Universum dazu verdammt ist, die Last des unendlichen Übels zu ertragen?

36. Die Vergänglichkeit aller Dinge: Natürliche Betrachtungen

Wie verdorben ist die materielle Substanz aller Dinge, das Wasser, der Staub, die Knochen und die Fäulnis! Wiederum ist Marmor nur der konkrete Humor der Erde, Gold und Silber sein schwerer Bodensatz. Unsere Kleider sind nur Haare, der Purpurfarbstoff Blut. Alles andere ist von ähnlicher Natur. Auch der Atem ist dasselbe, er wechselt ständig von diesem zu jenem.

37. Befreiung von den Belanglosigkeiten des Lebens: Eine Aufforderung zur Einfachheit und Güte

Genug von diesem elenden Leben: Genug des Jammerns und der affenartigen Belanglosigkeiten. Warum bist du so beunruhigt? Sind diese Sorgen neu? Was erregt dich so? Ist es die Ursache?

Dann sieh sie dir genau an. Ist es die Sache? Sieh sie dir auch gut an. Außer diesen gibt es nichts. Darum handle endlich mit mehr Einfachheit und Güte gegenüber den Göttern. Ob du dieses Schauspiel hundert Jahre lang oder drei Jahre lang betrachtest, es ist dasselbe.

38. Das Dilemma der Schuld: Hat er Unrecht getan oder nicht?

Wenn er Unrecht getan hat, ist das Übel bei ihm; vielleicht hat er aber auch nicht Unrecht getan.

39. Die Frage nach der Quelle der Intelligenz und unserer Existenz

Entweder entstammen alle Dinge einer Quelle der Intelligenz und kommen in einem Körper zusammen, dann darf sich der Teil nicht über das beschweren, was zum Wohle des Ganzen geschieht; oder alles sind Atome, und es gibt nichts anderes als wirre Mischung und Ausschweifung. Warum bist du dann beunruhigt? Sag zu deiner Seele: "Du bist tot, du bist verrottet, du bist zum Tier geworden, du hast dich der Herde angeschlossen und frisst mit ihr."

40. Die Macht der Götter: Richtig beten für innere Stärke und Freiheit

Entweder haben die Götter Macht oder sie haben keine. Wenn sie keine Macht haben, warum betest du dann? Wenn sie Macht haben, warum bittest du sie dann nicht lieber um die Macht, sich weder zu fürchten, noch zu wünschen, noch sich über irgendwelche äußeren Dinge zu grämen, als um ihre Anwesenheit oder ihre Abwesenheit? Wenn die Götter dem Menschen überhaupt helfen können, können sie ihm auch dabei helfen. Aber vielleicht sagst du: "Die Götter haben das in meine eigene Macht gestellt." Ist es dann nicht besser, das zu nutzen, was in deiner eigenen Macht steht, und deine Freiheit zu bewahren, als dein Herz an das zu hängen, was nicht in deiner Macht steht, und ein elender Sklave zu werden? Und wer hat dir gesagt, dass die Götter uns nicht auch in diesen Dingen helfen, die in unserer Macht stehen? Fang an, darüber zu beten, und du wirst es sehen. Ein Mann betet: "Möge ich diese Frau besitzen!" Betest du: "Möge ich keinen Wunsch haben, sie zu besitzen!" Ein anderer betet: "Möge ich von diesem und jenem befreit werden!" Bete du: "Möge ich es nicht nötig haben, von ihm befreit zu werden!" Ein dritter weint: "Möge ich mein Kind nicht verlieren!" Lass dein Gebet sein: "Möge ich keine Angst haben, ihn zu verlieren!" Richte deine Gebete in diese Richtung und beobachte, was dabei herauskommt.

41. Bewahrung der Vortrefflichkeit des Geistes in Krankheit und Unglück

Epikur sagt: "In meiner Krankheit drehten sich meine Gespräche nicht um die Krankheiten dieses armen Körpers; auch sprach ich nicht über solche Dinge zu denen, die zu mir kamen. Ich fuhr fort, wie zuvor über die Prinzipien der natürlichen Philosophie zu sprechen, und beschäftigte mich hauptsächlich mit dem Problem, wie der Geist, obwohl er an den heftigen Aufregungen des Fleisches teilnimmt, ungestört bleiben und seine eigene Vortrefflichkeit bewahren kann. Ich erlaubte den Ärzten nicht", fährt er fort, "ihr Amt zu überhöhen und sich zu rühmen, als ob sie etwas von großer Bedeutung täten, sondern mein Leben blieb angenehm und glücklich." Was er damals in der Krankheit tat, das tut auch ihr, wenn ihr krank werdet oder ein anderes Unglück erleidet. Niemals von deiner Philosophie abzuweichen, was auch immer dir widerfährt, niemals an der Torheit der Vulgären und Unwissenden teilzuhaben, ist eine Maxime, die allen Schulen gemeinsam ist. Konzentriere dich nur auf deine Aufgabe und die Mittel, mit denen sie erfüllt werden soll.

42. Die Bedeutung der Nachsicht und Toleranz

Wenn du dich über die Schamlosigkeit eines Menschen ärgerst, frage dich sofort: Kann die Welt ohne schamlose Menschen existieren? Sie kann nicht. Deshalb verlange nicht, was unmöglich ist. Auch dein Feind ist einer dieser schamlosen Menschen, die es unbedingt im Universum geben muss. Die gleiche Frage solltest du dir auch stellen, wenn du dich über eine List, eine Niedertracht oder eine andere Sünde entsetzt hast. Denn wenn du dich daran erinnerst, dass es unmöglich ist, dass es die Klasse nicht gibt, wirst du jedem Einzelnen gegenüber nachsichtiger sein. Es ist auch nützlich, diese Überlegung parat zu haben: Welche Tugend hat die Natur dem Menschen mitgegeben, um diesen Fehler zu bekämpfen? Gegen Unvernunft hat sie Sanftmut als Gegenmittel gegeben, gegen eine andere Schwäche eine andere Kraft. Es steht dir auch frei, denjenigen, der sich verirrt hat, zurechtzuweisen; denn jeder, der Unrecht tut, verfehlt sein eigentliches Ziel und ist in die Irre gegangen. Und worin bist du dann verletzt? Du wirst feststellen, dass keiner von denen, über die du dich aufregst, etwas getan hat, was deinen geistigen Anteil verletzen könnte. Alles, was dich wirklich verletzen kann, hat dort seinen Ursprung, und nur dort. Und wo ist es seltsam oder böse, dass der Ungebildete nach seiner Art handelt? Schau, ob du dir nicht eher Vorwürfe machen solltest, dass du ihn nicht für solche Fehler verantwortlich gemacht hast. Deine Vernunft hat dich zu dem Schluss gebracht, dass es wahrscheinlich war, dass er dieses Unrecht tun würde; du hast es vergessen und wunderst dich trotzdem, dass er es getan hat. Wenn du jemanden für seine Treulosigkeit oder Undankbarkeit tadelst, solltest du dich vor allem an dich selbst wenden. Der Fehler liegt eindeutig bei dir, wenn du darauf vertraut hast, dass ein Mensch mit einer solchen Einstellung treu bleiben kann, oder wenn du die Gunst nicht ohne Hintergedanken und in der Überzeugung gewährt hast, dass die vollständige und unmittelbare Belohnung für dein Handeln in der Ausführung der Tat liegt. Was willst du mehr, wenn du einem Menschen eine Gefälligkeit erwiesen hast? Reicht es dir nicht, dass du dabei deiner Natur entsprechend gehandelt hast? Verlangst du eine Belohnung dafür? Es ist, als ob das Auge eine Belohnung für das Sehen oder die Füße für das Gehen verlangen würden. Denn so wie diese Teile zu einem bestimmten Zweck geformt sind, den sie, wenn sie ihn entsprechend ihrer Struktur erfüllen, auch erreichen, so hat auch der Mensch, der von Natur aus dazu geschaffen ist, seinen Mitmenschen Gutes zu tun, den Zweck seiner Schöpfung erfüllt und verfügt über das, was ihm gehört, wenn er freundlich handelt oder auf andere Weise für das Gemeinwohl arbeitet.

BUCH 10

— Die Entfaltung Ihrer inneren Stärke

Nimm dein Leben in die Hand und schätze seine Schönheit. Folgen Sie Ihrem Herzen und ignorieren Sie unwichtige Dinge. Ich verstehe, dass es in Ordnung ist, Fehler zu machen, und dass du nicht perfekt sein musst, um ein guter Mensch zu sein. Denken Sie an das Wohlergehen anderer, denn alles auf der Welt ist miteinander verbunden. Erkenne, dass sich alles mit der Zeit verändert. Streben Sie danach, ein freundlicher, bescheidener und ehrlicher Mensch zu sein. Erkenne, dass Zweifel und Angst zu Erfolg oder Misserfolg führen können, und bleibe hartnäckig, auch wenn du scheiterst. Ein guter Mensch ist ehrlich, höflich und hilfsbereit, also konzentrieren Sie sich auf diese Eigenschaften. Das Einzige, was zählt, sind Ihre Überzeugungen und Handlungen. Erinnern Sie sich daran, dass die Natur uns mit Nahrung und Wasser versorgt, damit alle davon profitieren, und dass die Welt alles liebt, was existiert und was nicht. Betrachten Sie das Leben als eine Reise und machen Sie das Beste daraus, denn das Leben ist ein Mysterium, und wir können nicht immer kontrollieren, was passiert.

1. Die Suche nach innerer Zufriedenheit und Verbundenheit mit anderen

Wirst du, meine Seele, jemals gut und allein und nackt sein, offener für den Blick als der Körper, der dich umgibt? Wirst du jemals das liebende und zufriedene Gemüt kosten? Wirst du jemals satt und ohne Mangel sein und dein Herz an nichts Lebendiges oder Unbelebtes hängen, um dich zu erfreuen, und weder Zeit noch Ort, noch Land, noch schönes Klima, noch angenehme Gesellschaft wollen? Willst du mit deinem jetzigen Zustand zufrieden sein und dich über jeden Umstand freuen? Willst du dir einreden, dass alle Dinge dir gehören, dass alles gut für dich ist, dass alles von den Göttern kommt und dass das Beste für dich das ist, was sie dir jetzt und in Zukunft geben wollen, um das vervollkommnete Wesen zu erhalten, das gut, gerecht und schön ist, das alles Vergängliche, das sich auflöst, um andere wie sich selbst hervorzubringen, hervorbringt, verbindet, umschließt und einschließt? Wirst du niemals als Mitbürger mit Göttern und Menschen leben können, indem du sie anerkennst und von ihnen anerkannt wirst?

2. Die Natur als Lebewesen verstehen und danach handeln

Insofern du nur von der Natur regiert wirst, beobachte genau, was die Natur verlangt; dann tue das aus freien Stücken, wenn dadurch deine Natur als Lebewesen nicht schlechter wird. Als Nächstes musst du überlegen, was die Natur eines Lebewesens verlangt, und dir alles erlauben, was deine Natur als vernünftiges Wesen nicht verschlechtert. Nun ist klar, dass das, was vernünftig ist, auch sozial ist. Befolge also diese Regeln und bemühe dich nicht weiter.

3. Die Stärke der Natur: Das Ertragen von Prüfungen

Was auch immer geschieht, die Natur hat dich entweder fähig gemacht, es zu ertragen, oder unfähig. Wenn du fähig bist, dann ertrage es so, wie die Natur es für dich vorgesehen hat, und ärgere dich nicht. Wenn du nicht fähig bist, dann ärgere dich nicht, denn wenn die Prüfung dich verzehrt hat, wird auch sie vergehen. Denke aber daran, dass die Natur dich fähig gemacht hat, alles zu ertragen, was in deiner Macht steht, um es erträglich zu machen, wenn du es nur für nützlich oder erträglich hältst.

4. Die Kunst der freundlichen Belehrung und Selbstreflexion

Wenn ein Mensch auf Abwege gerät, belehre ihn freundlich und zeige ihm seinen Fehler auf. Wenn du dazu nicht in der Lage bist, tadle dich selbst oder niemanden.

5. Die Vorherbestimmung des Schicksals und die Verkettung der Ursachen

Was auch immer dir widerfährt, war von Ewigkeit her für dich vorherbestimmt; und die Verkettung der Ursachen hatte von Ewigkeit her deine Existenz mit dieser Zufälligkeit verwoben.

6. Das Gesetz der Verbundenheit und des Gemeinwohls

Ob alles Atome sind oder ob es ein universelles Naturgesetz gibt: Erstens bin ich ein Teil des Ganzen, das von der Natur regiert wird, und zweitens bin ich mit anderen Teilen wie mir verbunden. Da ich ein Teil bin, darf ich nicht unzufrieden sein mit dem, was mir vom Ganzen gegeben wird. Denn nichts schadet dem Teil, was dem Ganzen nützt, denn das Ganze enthält nichts, was ihm selbst nicht nützt. Alle natürlichen Systeme haben dieses Gesetz gemeinsam, und das System des Universums hat noch ein weiteres Gesetz, nämlich dass es durch keine äußere Ursache gezwungen werden kann, etwas zu produzieren, das ihm selbst schadet. Wenn ich mich also daran erinnere, dass ich Teil eines solchen Ganzen bin, werde ich mit allem zufrieden sein, was daraus hervorgeht. Und da ich mit Gleichgesinnten verbunden bin, werde ich nichts Unsoziales tun, sondern mich eher an meinesgleichen orientieren, mich mit allen Kräften für das Gemeinwohl einsetzen und das Gegenteil meiden. Auf diese Weise muss mein Leben gut verlaufen, so wie du sagen würdest, dass das Leben eines Bürgers gut verläuft, wenn er von einer gemeinnützigen Handlung zur nächsten geht und sich mit ganzem Herzen in jede Aufgabe stürzt, die ihm vom Staat übertragen wird.

7. Die Vergänglichkeit der Teile des Universums und ihre Bedeutung für das Ganze

Die Teile des Ganzen, ich meine die Teile, die im Universum enthalten sind, müssen notwendigerweise vergehen; "vergehen", sagen wir, bedeutet Veränderung. Wenn es nun ein notwendiges Übel ist, dass die Teile vergehen, dann kann es nicht gut für das Ganze sein, dass seine Teile dazu neigen, sich zu verändern und auf verschiedene Weise zu vergehen. Hat die Natur es also darauf angelegt, ihre eigenen Bestandteile zu verletzen, indem sie sie so gestaltet hat, dass sie dem Übel anheimfallen und ihm zwangsläufig zum Opfer fallen, oder ist es ihr entgangen, dass dies der Fall ist? Beide Annahmen sind unglaubwürdig. Und wenn man den Begriff der Natur fallen lässt und nur sagt, dass die Dinge so beschaffen sind, wie lächerlich ist es dann, gleichzeitig zu sagen, dass die Teile des Universums so beschaffen sind, dass sie sich verändern können, und sich über die Veränderung oder Auflösung zu wundern und zu ärgern, als wäre das etwas gegen den Lauf der Natur; zumal alles in die Elemente aufgelöst wird, aus denen es entstanden ist. Denn es gibt entweder eine Zerstreuung der Elemente, aus denen ein Ding aufgebaut war, oder eine Umwandlung dieser Elemente, des Festen in Erde, des Geistigen in Luft. So werden diese Bestandteile wieder in das System des Universums aufgenommen, das entweder periodisch in Flammen aufgeht oder sich durch unendliche Veränderungen erneuert. Und bilde dir nicht ein, dass du all deine irdische und luftige Materie schon bei deiner Geburt hattest. Denn all das ist erst gestern oder vorgestern hinzugekommen, aus deiner Nahrung und der Luft, die du geatmet hast. Es ist dieser Zuwachs, der sich verändert, und nicht das, was deine Mutter geboren hat. Und auch wenn dieser jüngste Zuwachs dich mehr zu dem neigt, was in deiner Konstitution individuell ist, so ändert er doch nichts an dem, was gerade gesagt wurde, denke ich.

8. Die Bedeutung der Titel: gut, bescheiden, wahrhaftig, klug, ausgeglichen und großmütig

Wenn du dir diese Titel zugelegt hast: gut, bescheiden, wahrhaftig, klug, ausgeglichen und großmütig, dann achte darauf, dass du sie nicht veränderst; und wenn du sie verlieren solltest, dann suche sie sofort wieder. Und denke daran, dass Klugheit für dich bedeutet, alle Dinge mit Bedacht zu beobachten und aufmerksam zu sein; Ausgeglichenheit, die fröhliche Annahme des von der universellen Natur bestimmten Loses; Großmut, die Erhebung des denkenden Teils über alle angenehmen oder schmerzhaften Aufregungen des Fleisches, über eitlen Ruhm, über den Tod und all solche Dinge. Wenn du diese Titel standhaft beibehältst, ohne dich danach zu sehnen, sie von anderen zu hören, wirst du ein neuer Mensch sein, und ein neues Leben wird sich für dich eröffnen. Denn so weiterzumachen wie bisher, in demselben Leben der Zerstreuung und Verunreinigung, würde dich als einen Menschen ohne Verstand kennzeichnen, der sich an das Leben klammert wie die halb aufgefressenen Tierkämpfer, die, obwohl sie mit Wunden und Blut bedeckt sind, dennoch darum bitten, bis morgen zurückbehalten zu werden, um in ihrem Elend wieder den Klauen und Reißzähnen ausgeliefert zu werden, die sie zuvor zerfetzt haben. Halte dich also an diese wenigen Titel, und wenn du sie aushalten kannst, dann bleibe wie einer, der auf die Inseln der Seligen gezogen ist. Wenn du aber merkst, dass du abfällst und dich nicht durchsetzen kannst, dann habe den Mut, dich in eine Ecke zurückzuziehen, in der du hoffen kannst, dass du dich durchsetzen kannst, oder verlasse das Leben ganz, nicht im Zorn, sondern in aller Einfachheit, Freiheit und Bescheidenheit, nachdem du wenigstens eine Sache im Leben gut gemacht hast, indem du es verlassen hast. Es wird dir sehr helfen, auf deine Titel zu achten, wenn du dich daran erinnerst, dass die Götter nicht bewundert werden wollen, sondern dass denkende Wesen ihnen ähnlich werden sollen, und dass ein Feigenbaum dazu da ist, Feigen zu tragen, ein Hund, um zu jagen, eine Biene, um Honig zu sammeln, und ein Mensch, um die Arbeit eines Menschen zu tun.

9. Die Maximen des Handelns und Denkens: Einfachheit, Würde und Unterscheidung

Mimik, Krieg, Panik, Trägheit und Unterwürfigkeit werden die heiligen Maximen auslöschen, die du durch Beobachtung der Natur gesammelt und in deinem Geist gespeichert hast. Du solltest in jedem Fall so aussehen und handeln, dass nicht nur die Aufgabe, die vor dir liegt, erfüllt wird, sondern auch dein theoretisches Vermögen trainiert wird und das Selbstvertrauen, das aus besonderem Wissen entspringt, ohne Prahlerei oder gekünsteltes Verstecken erhalten bleibt. Wirst du jemals zur Einfachheit, zur Würde und zu einer vollkommenen Unterscheidung darüber gelangen, was eine Sache wirklich ist, welchen Platz sie im Universum einnimmt, wie lange sie bestehen kann, wie sie beschaffen ist, wem sie gehört und wer sie geben und nehmen kann?

10. Warum sind alle Jäger eigentlich Räuber?

Die Spinne jubelt, wenn sie eine Fliege erbeutet hat; ein Mann, weil er ein Häslein erlegt hat, ein anderer, weil er eine Sardelle ins Netz gegangen ist, ein anderer, weil er ein Wildschwein oder einen Bären erlegt hat, und wieder ein anderer, weil er die Sarmaten besiegt hat. Aber sind sie nicht alle Räuber, wenn du auf ihre Prinzipien achtest?

11. Die Kunst der Transformation und des gerechten Handelns: Eine philosophische Perspektive auf das Leben

Eigne dir eine Methode an, um zu erkennen, wie sich alle Dinge ineinander verwandeln. Beschäftige dich mit diesem Zweig der Philosophie und übe dich ständig darin. Nichts ist so geeignet, um die Größe des Geistes zu kultivieren wie dies. Derjenige, der dies tut, hat den Körper bereits abgelegt; und da er erkannt hat, wie bald er aus dem Kreis der Menschen ausscheiden und alle irdischen Dinge hinter sich lassen muss, gibt er sich in allen seinen Handlungen ganz der Gerechtigkeit hin und in allem anderen, was geschieht, dem Gesetz des Universums. Er kümmert sich nicht darum, was irgendjemand über ihn sagt, denkt oder gegen ihn tut, sondern beschäftigt sich nur mit diesen beiden Dingen: das, was er in der Hand hat, gerecht zu tun, und das Los zu lieben, das ihm bestimmt ist. Ein solcher Mensch hat alle Eile und Hektik abgeworfen und hat keinen anderen Willen als den, den geraden Weg nach dem Gesetz zu gehen und Gott zu folgen, dessen Weg immer gerade ist.

12. Das Beste erreichen: Ein Leitfaden für erfolgreiches Handeln

Wozu Misstrauen, wenn es dir offensteht, zu überlegen, was zu tun ist? Wenn du deinen Weg siehst, gehe ihn ruhig und unbeirrt. Wenn du ihn nicht siehst, halte inne und konsultiere die besten Berater. Wenn sich ein anderes Hindernis auftut, gehe mit Bedacht und nach deinen Möglichkeiten vor; halte dich immer an das, was dir gerecht erscheint. Das ist das Beste, was du erreichen kannst, und wenn du dabei versagst, ist das der einzige richtige Fehlschlag. Wer in allem der Vernunft folgt, ist immer in Ruhe und doch stets bereit zum Handeln, immer fröhlich und doch gelassen.

13. Die Bedeutung von Handlungen und Charaktereigenschaften

Sobald du erwachst, frage dich: Wird es dir etwas ausmachen, wenn das, was gerecht und gut ist, von einem anderen Menschen getan wird? Das wird es nicht. Hast du vergessen, was für Menschen es im Bett und bei Tisch sind, die so viel Lob und Tadel über andere aussprechen; was sie tun, was sie meiden und was sie verfolgen; wie sie stehlen und wie sie rauben, nicht mit Händen und Füßen, sondern mit ihrem kostbarsten Teil, wodurch ein Mensch, wenn er will, Glauben, Bescheidenheit, Wahrheit, Recht und einen guten lenkenden Geist erlangen kann?

14. Die Demut gegenüber der Natur: Geben und Nehmen

Zur Natur, die alles gibt und wieder zurücknimmt, wird der gut unterrichtete, bescheidene Mensch sagen: "Gib, was du willst; nimm wieder, was du willst." Und das sagt er nicht aus Prahlerei, sondern aus reinem Gehorsam und gutem Willen gegenüber der Natur.

15. Die Bedeutung eines natürlichen Lebens

Was dir von diesem Leben bleibt, ist wenig. Lebt wie auf einem Berg. Denn es macht keinen Unterschied, ob wir hier oder dort leben, solange wir überall auf der Welt wie Bürger leben. Lass die Menschen sehen und erkennen, dass du wirklich ein Mensch bist, der nach der Natur lebt. Wenn sie dich nicht ertragen können, sollen sie dich töten. Das ist besser, als so zu leben, wie sie leben.

16. Sei ein guter Mensch, anstatt darüber zu reden

Sprich nicht mehr darüber, was ein guter Mensch sein soll, sondern sei einer.

17. Die Vorstellung von Zeit und Dasein in der Natur

Stelle dir ständig alle Zeit und alles Dasein vor und denke, dass jedes einzelne Ding in der Substanz ein Feigensamen ist und in der Zeit die Drehung eines Erdbohrers.

18. Die Vergänglichkeit der Welt: Eine Vorstellung des Verfalls und Wandels

Stelle dir vor, dass sich alle Dinge um dich herum bereits auflösen, dass sie sich verändern, dass sie gleichsam verderben und sich auflösen, oder dass sie von der Natur zum Sterben geschaffen sind.

19. Der Mensch: Ein Wesen voller Macht und Vorurteile

Was für Menschen sind das, wenn sie essen, schlafen, sich fortpflanzen, die Natur erleichtern und dergleichen mehr? Sieh, wie sie über ihre Mitmenschen herrschen, wie sie sich aufplustern, wie sie zornig werden oder wie sie von oben herab Urteile fällen! Wie viele waren noch vor kurzem Sklaven, und warum? Und in welchem Zustand werden sie bald sein?

20. Die Vorteile der universellen Natur für jeden Menschen

Das ist zum Vorteil eines jeden Menschen, was die universelle Natur bringt; und zwar genau zu dem Zeitpunkt, zu dem sie es bringt.

21. Die Liebe des Universums zum Regen und Äther

"Die Erde liebt den Regen"; "und der majestätische Äther liebt". Das Universum liebt es, das herbeizuführen, was kommen wird. Ich werde also zum Universum sagen: "Was du liebst, das liebe ich." Ist es nicht ein bekanntes Sprichwort, dass "so und so gerne geschieht"?

22. Die drei Möglichkeiten: Leben, Ausland oder Tod

Entweder lebst du hier dein gewohntes Leben, oder du gehst ins Ausland, und zwar auf eigenen Wunsch, oder du stirbst, und dein öffentliches Amt ist erledigt. Nun, außer diesen Möglichkeiten gibt es nichts. Sei also guten Mutes.

23. Die Gleichheit von Rückzugsorten in Stadt und Land

Behalte das immer vor Augen: dass ein Rückzugsort auf dem Land genauso ist wie jeder andere Ort. Alle Dinge laufen hier genauso ab wie auf einem Berggipfel oder am Meeresstrand oder wo immer du willst. Du wirst immer das Leben des weisen Mannes vorfinden, der, wie Platon es ausdrückt, "die Stadtmauer für die Herde eines Hirten in den Bergen hält."

24. Die Rolle meiner Seele in der Welt

Was ist meine Seele für mich? Was mache ich aus ihr, und wozu verwende ich sie jetzt? Ist sie leer von Verstand? Ist sie losgelöst und zerrissen von der großen Gemeinschaft? Ist sie an das Fleisch geklebt und mit ihm vermengt, sodass sie jeder fleischlichen Bewegung folgt?

25. Der Fluchtende vor dem Herrn: Ein Ausreißer in unseren Gesetzen

Wer vor seinem Herrn flieht, ist ein Ausreißer. Unser Herr ist das Gesetz, und wer das Gesetz bricht, ist ein Ausreißer; und so ist auch derjenige, der aus Trauer, Zorn oder Furcht etwas nicht hinnehmen will, was geschehen ist, gerade geschieht oder geschehen wird, und zwar nach dem Lauf der Dinge, den die alles beherrschende Macht, die das Gesetz ist, vorherbestimmt hat, indem sie für jeden Menschen festlegt, was für ihn richtig ist. Wer sich also fürchtet oder betrübt oder zornig ist, ist ein Ausreißer.

26. Die Wunder der Entstehung von Leben

Derjenige, der den Samen in den Mutterleib geworfen hat, geht weg; eine andere Ursache nimmt ihn auf und wirkt an ihm und vollendet das Kind. Wie wunderbar ist das Ergebnis eines solchen Anfangs! Das Kind wiederum nimmt Nahrung zu sich; eine andere

Ursache nimmt sie auf und verwandelt sie in Empfindungen, Bewegung, mit einem Wort, in Leben und Kraft und andere Dinge, wie viele und überraschende! Betrachte diese Dinge, die auf so verborgene Weise geschehen, und betrachte die Kraft, die sie hervorbringt, so wie wir die Schwerkraft und das Schweben von Körpern wahrnehmen; zwar nicht mit unseren Augen, aber dennoch deutlich.

27. Die wiederkehrende Natur der Geschichte und des Lebens

Denke ständig darüber nach, dass alles, was jetzt geschieht, früher genau so geschehen ist; und denke daran, dass das Gleiche wieder geschehen wird. Stelle dir alles vor Augen, was du aus deiner eigenen Erfahrung oder aus der alten Geschichte kennst: Dramen und Szenen, die sich alle ähneln, wie zum Beispiel der ganze Hof von Hadrianus, der ganze Hof von Antoninus, der ganze Hof von Philippus, von Alexander, von Krösus. Alle waren ähnlich, nur die Schauspieler waren unterschiedlich.

28. Die Notwendigkeit der Unterwerfung an das Schicksal

Stell dir vor, dass jeder, der über irgendetwas betrübt ist oder stürmt, wie das Schwein bei einer Opferung ist, das unter dem Messer um sich tritt und schreit. So ist auch derjenige, der auf seiner Couch im Stillen beklagt, dass wir alle an unser Schicksal gebunden sind. Bedenke auch, dass es nur einem vernunftbegabten Wesen gegeben ist, sich dem, was geschieht, freiwillig zu unterwerfen; die bloße Unterwerfung ist für alle eine Notwendigkeit.

29. Reflektion über den Tod als Verlust des Lebens

Schau dir jede einzelne Sache, die du tust, genau an und frage dich, ob der Tod ein Schrecken ist, weil er dich dessen beraubt.

30. Selbstreflexion und Vergebung: Eine Lösung für Ärger über die Fehler anderer

Wenn du dich über die Fehler anderer ärgerst, wende dich sofort an dich selbst und überlege, welchen ähnlichen Fehler du selbst begangen hast, z. B. dass du dich für gute Dinge, Geld,

Vergnügen, ein wenig Ruhm oder Ähnliches interessierst. Wenn du deine Aufmerksamkeit darauf richtest, wirst du deinen Ärger schnell vergessen, vor allem, wenn dir einfällt, dass derjenige unter Zwang handelt und nicht anders handeln kann.

31. Die Vergänglichkeit des menschlichen Daseins und der Aufruf zur philosophischen Reflexion

Wenn du Satyrio, den Sokratiker, gesehen hast, denke an Eutyches oder Hymen; wenn du Euphrates gesehen hast, denke an Eutychio oder Silvanus. Wenn Alciphron vor dir steht, denke an Tropaeophorus; und wenn Xenophon, denke an Crito oder Severus. Wenn du an dich selbst denkst, denke an einen der Cäsaren, und bei jedem Menschen ebenso. Dann lass dir Folgendes einfallen: Wo sind sie nun? Nirgendwo, oder wer kann das sagen? Denn so wirst du sehen, dass alles Menschliche nur Rauch und Nichts ist; vor allem, wenn du dir vor Augen führst, dass das, was einmal verändert wurde, in der Unendlichkeit der Zeit nie wieder existieren wird. Warum also diese Besorgnis? Und warum genügt es dir nicht, deine kurze Zeitspanne in geordneter Weise zu leben? Was für ein Stoff, was für ein Thema für die Philosophie, das du meidest! Denn was sind alle irdischen Dinge anderes als Übungen für die Vernunft, wenn sie alle Dinge, die im Leben vorkommen, genau und in ihrer natürlichen Ordnung betrachtet hat? Bleibe also, bis du all diese Dinge verinnerlicht hast, so wie ein starker Magen jede Art von Nahrung verinnerlicht, so wie ein helles Feuer alles, was du darauf wirfst, in Flammen und Glanz verwandelt.

32. Lebe einfach, offen und gut: Eine Entscheidung, die in deiner Macht liegt

Niemand soll von dir behaupten können, dass du nicht ein Mann der Einfachheit, Offenheit und Güte bist. Derjenige aber, der eine solche Meinung von dir hat, soll sich als falsch erweisen. Das liegt ganz in deiner Macht, denn wer sollte dich daran hindern, gut und einfältig zu sein? Entscheide dich nur, nicht länger zu leben, wenn du kein solcher Mensch sein kannst; denn auch die Vernunft verlangt in diesem Fall nicht, dass du es tust.

33. Die Vernunft als Leitfaden für Handeln und Sprechen

Was ist in dieser Angelegenheit das Vernünftigste, was man tun oder sagen kann? Denn was auch immer das sein mag, es steht dir frei, es zu tun oder zu sagen. Entschuldige dich nicht, als ob du daran gehindert wärst. Du wirst nie aufhören zu stöhnen, bis deine Veranlagung so ist, dass du bei jeder Gelegenheit, die sich dir bietet, das tust, was der menschlichen Konstitution entspricht, was für die Menschen Luxus ist. Du solltest alles als Vergnügen betrachten, was du gemäß deiner eigenen Natur tun darfst, und diese Freiheit hast du überall. Dem Zylinder ist es nicht gegeben, sich überall mit seiner eigenen Bewegung fortzubewegen, auch nicht dem Wasser, dem Feuer oder irgendeinem anderen Ding, das nur von einem Naturgesetz oder einer irrationalen Seele beherrscht wird; denn es gibt viele Umstände, die sie einschränken und aufhalten. Aber die intelligente Vernunft kann durch jedes Hindernis hindurch den Weg gehen, für den sie geschaffen wurde und den sie gehen will. Stell dir diese Leichtigkeit vor, mit der die Vernunft alle Hindernisse überwindet, so wie ein Feuer nach oben, ein Stein nach unten oder ein Zylinder einen Abhang hinuntergeht, und suche nicht weiter. Die übrigen Schwierigkeiten des Menschen sind nur körperlicher Natur, der leblose Teil des Menschen, oder sie können ihn nicht zermalmen oder in irgendeiner Weise verletzen, es sei denn durch die Meinung oder die Aufgabe der Vernunft selbst; sonst würde derjenige, der unter ihnen leidet, gleich selbst böse werden. Bei allen anderen Lebewesen wird der Leidtragende durch ein Unglück nur noch schlimmer. Aber in dieser Hinsicht kann man sagen, dass ein Mensch besser und lobenswerter wird, wenn er seine Umstände richtig nutzt. Schließlich sei daran erinnert, dass nichts, was der Stadt nicht schadet, dem Menschen schadet, der von Natur aus ein Bürger ist, und dass auch nichts der Stadt schadet, was dem Gesetz nicht schadet. Keines der Dinge, die man Unglück nennt, kann das Gesetz verletzen. Deshalb kann das, was das Gesetz nicht verletzt, weder die Stadt noch den Bürger verletzen.

34. Das Vergängliche Leben und die Weisheit der Natur

Jemandem, der die wahren Prinzipien versteht, reicht schon eine kurze, gewöhnliche Mahnung, um ihn von Kummer und Furcht frei zu halten, wie in den Zeilen: Manche Blätter werden vom Winde verweht, während das fruchtbare Holz nachwächst und im Frühling erscheint; so endet ein Menschengeschlecht, während ein anderes geboren wird. Deine Kinder sind Blätter, genauso wie diejenigen, die laut loben oder fluchen oder heimlich schimpfen und spotten. Blätter sind auch diejenigen, die unseren Ruhm weitertragen. Alle erscheinen im Frühling; dann schüttelt der Wind sie ab, während neue Blätter ihren Platz einnehmen. Obwohl die Kürze des Lebens allen gemeinsam ist, meidest und verfolgst du diese Dinge, als ob sie nie enden würden. Doch bald wirst du einschlafen, und andere werden um den trauern, der deine Bahre getragen hat. Selbst kurze Erinnerungen an die Vergänglichkeit des Lebens können die Weisen aufrecht erhalten, die verstehen, dass dieser Kreislauf inmitten des leeren Lobes und Tadels der Menschheit weitergeht.

35. Die Wichtigkeit der Offenheit für Vielfalt in Geist und Sinneswahrnehmungen

Das gesunde Auge sollte auf alles Sichtbare schauen und nicht sagen: "Ich will Grün", wie ein krankes Auge. Ein gesundes Gehör oder ein gesunder Geruchssinn sollte für alles bereit sein, was man hören oder riechen kann; und ein gesunder Magen sollte für alle Arten von Lebensmitteln gleichermaßen bereit sein, wie eine Mühle für alles, was sie mahlen soll. So sollte auch der gesunde Geist für alles bereit sein, was passiert. Der Geist, der sagt: "Meine Kinder sollen verschont werden, und die Menschen sollen meinem Tun Beifall zollen", ist wie ein Auge, das nach Grünem bettelt, oder wie Zähne, die weiche Nahrung brauchen.

36. Der Abschied vom Leben: Eine natürliche Trennung

Kein Mensch hat ein so glückliches Schicksal, dass sich nicht irgendjemand, wenn er im Sterben liegt, über das Schicksal freut, das über ihn hereinbricht. Wäre er ein tugendhafter und weiser Mensch, würde er nicht am Ende sagen: "Endlich kann ich frei atmen, ohne von diesem Pädagogen unterdrückt zu werden. Er war zwar nicht hart zu einem von uns, aber ich hatte immer das Gefühl, dass er uns stillschweigend verurteilt hat"? Das würde man von einem guten Mann sagen. Aber in meinem eigenen Fall gibt es noch viel mehr Gründe, warum eine Menge froh wäre, mich loszuwerden. Wenn du im Sterben liegst, wirst du darüber nachdenken und mit umso weniger Bedauern abtreten, wenn du bedenkst: "Ich verlasse ein Leben, von dem sich meine Partner, für die ich gearbeitet, gebetet und geplant habe, wünschen, dass ich es verlasse, vielleicht in der Hoffnung, dass sie einen zusätzlichen Vorteil aus meinem Weggang ziehen." Warum sollte man sich also um einen längeren Aufenthalt hier bemühen? Dennoch sollte dein Abschied von ihnen nicht weniger angenehm sein. Behalte deinen eigenen Charakter bei, bleibe ihnen gegenüber freundlich, wohlwollend und gnädig. Auf der anderen Seite sollst du dich von deinen Mitmenschen trennen, aber nicht so, als würdest du weggerissen werden, sondern wie jemand, der einen leichten Tod stirbt und dessen Seele sanft aus dem Körper entlassen wird. Die Natur hat dich mit deinen Mitmenschen verbunden, aber jetzt trennt sie dich von ihnen. Ich trenne mich also wie von Verwandten, nicht widerwillig, sondern ohne Zwang. Denn auch der Tod ist eine Sache, die der Natur entspricht.

37. Effektives Denken: Überlegungen zu den Handlungen anderer Personen und sich selbst

Gewöhne dich so oft wie möglich daran, wenn jemand eine Handlung vornimmt, nur zu überlegen: Zu welchem Zweck arbeitet er? Aber fang zu Hause an und prüfe vor allem dich selbst.

38. Das verborgene Prinzip der Marionettenfäden und seine Bedeutung

Erinnere dich daran, dass der Beweger der Marionettenfäden das verborgene Prinzip im Inneren ist. Es ist das, was Beredsamkeit ist, das, was Leben ist, das, wenn ich so sagen darf, was der Mensch ist. Verwechsle niemals in deiner Vorstellung dieses Prinzip mit dem umgebenden irdenen Gefäß und den kleinen Organen, die daran geknetet werden. Denn ohne das bewegende und bändigende

Prinzip ist keines dieser Teile für sich genommen von größerem Nutzen als das Schiffchen für den Weber, die Feder für den Schriftsteller oder die Peitsche für den Wagenlenker.

BUCH 11

— Die Reise der Selbstentdeckung

Handeln Sie jetzt und seien Sie freundlich zu Ihren Mitmenschen. Schätzen Sie die Kunst in unserer Welt und verstehen Sie die Gesetze und Prinzipien der Natur, um Ihre Aufgabe zu erfüllen. Leben Sie das Leben in vollen Zügen und finden Sie ein Gleichgewicht zwischen Wissen und Erfahrung. Verbinden Sie sich wieder mit unseren Nachbarn und seien Sie sich selbst und anderen gegenüber ehrlich. Seien Sie einzigartig und tun Sie, was Ihnen Freude macht. Lassen Sie Emotionen wie Wut und Trauer zu, wenn es nötig ist, aber korrigieren Sie auch Ihre Gedanken, wenn sie in die Irre gehen. Halten Sie sich an die kosmische Ordnung und arbeiten Sie zusammen, um ein gemeinsames Ziel zu erreichen. Stellen Sie sich Ihren Ängsten und erinnern Sie sich an die großen Menschen der Vergangenheit. Schauen Sie zum Himmel und seien Sie weise und sprachgewandt in Ihren Worten und Taten. Lernen Sie jeden Tag etwas Neues und seien Sie bescheiden und geduldig mit sich selbst. Akzeptieren Sie schließlich, dass das Leben ein Kreislauf des Wandels und des Fortschritts ist und dass nichts jemals vorbei ist.

1. Die Merkmale der vernunftbegabten Seele

Dies sind die Merkmale der rationalen Seele: Sie betrachtet sich selbst; sie reguliert sich selbst in jedem Teil; sie gestaltet sich so, wie sie es will; die Früchte, die sie trägt, genießt sie selbst, während die Produkte der Pflanzen und der niederen Tiere von anderen genossen werden. Sie erreicht ihr individuelles Ende, wo auch immer das Ende des Lebens sie einholen mag. Bei einem Tanz oder der Rolle eines Schauspielers verdirbt jede Unterbrechung die Vollkommenheit der ganzen Handlung. Nicht so bei der rationalen Seele. Egal, an welchem Punkt ihres Handelns oder wo sie vom Tod eingeholt wird, macht sie ihren Teil vollständig und reicht aus, so dass sie sagen kann: "Ich habe erhalten, was mir gehört." Auch durchstreift sie das ganze Universum und die Leere um sie herum und erkennt ihren Plan. Sie erstreckt sich in die grenzenlose Ewigkeit und erfasst die periodische Erneuerung aller Dinge. Sie sieht und begreift, dass die, die nach uns kommen, nichts Neues sehen werden und dass die, die vor uns waren, nicht mehr gesehen haben, als wir gesehen haben. Nein, ein Mann von vierzig Jahren, der einigermaßen verständig ist, hat aufgrund der Gleichförmigkeit der Dinge in gewisser Weise alles gesehen, was gewesen ist und sein wird. Charakteristisch für die vernunftbegabte Seele sind auch: Liebe zu allen Menschen, Wahrheit, Bescheidenheit und die Achtung vor sich selbst, die auch für das allgemeine Gesetz charakteristisch ist. Es gibt also keinen Widerspruch zwischen der richtigen Vernunft und der Vernunft der Gerechtigkeit.

2. Die Wichtigkeit des Gesamteindrucks

Du wirst wenig von einem schönen Lied, einem Tanz oder einer gymnastischen Darbietung halten, wenn du die Melodie in ihre einzelnen Noten zerlegst und dich bei jeder fragst: "Beeindruckt mich das?" Du würdest erröten, wenn du es zugeben würdest. Das Gleiche gilt, wenn du den Tanz in seine einzelnen Bewegungen und Haltungen zerlegst und wenn du die gymnastische Vorführung ähnlich behandelst. Generell solltest du, außer bei Tugend und tugendhaftem Handeln, daran denken, die Dinge in ihre Einzelteile zu zerlegen und sie dadurch zu verachten.

3. Die Bereitschaft der Seele zur Trennung vom Körper

Wie glücklich ist die Seele, die bereit ist, sich vom Körper zu trennen, wenn es sein muss, und entweder zu verlöschen oder zerstreut zu werden oder zu überleben! Aber diese Bereitschaft soll aus eigenem Urteilsvermögen entstehen, nicht aus bloßem Eigensinn, wie bei den Christen, sondern bewusst, mit Würde und ohne den Anschein von Tragik, damit andere zu einer ähnlichen Haltung geführt werden.

4. Der Vorteil des Gemeinwohls: Ein wichtiger Gedanke, der uns begleiten sollte

Habe ich etwas für das Gemeinwohl getan? Ist das nicht selbst mein Vorteil? Lass diesen Gedanken immer bei dir sein und höre nicht auf.

5. Die Kunst des Guten Tuns: Prinzipien für das Handeln gemäß der Natur und des Menschen

Was ist deine Kunst? Gutes Tun. Und wie kann das anders sein, als durch solide allgemeine Prinzipien, die die Natur im Allgemeinen und die Konstitution des Menschen im Besonderen betreffen?

6. Die Entwicklung des griechischen Theaters und seine Lehren

Die Tragödie wurde zuerst eingeführt, um uns daran zu erinnern, dass bestimmte schicksalhafte Ereignisse so eintreten werden, wie sie eintreten müssen; sie lehrt uns, nicht auf der Bühne der Welt zu trauern, was uns auf der Bühne des Theaters unterhält. Wie die Dichter sagten: Wenn die Götter mich und meine Kinder vernachlässigen, gibt es einen guten Grund; Zorn auf äußere Dinge ist fruchtlos; wir müssen unser Leben ernten wie reifes Korn. Die alte Komödie folgte, indem sie die einfache Sprache eines Lehrers benutzte, um die Tugend der Demut zu lehren. Diogenes tat das Gleiche. Betrachte als Nächstes das Wesen der Mittleren Komödie und den Zweck der Neuen Komödie, die in künstliche Nachahmung ausartete. Obwohl die Autoren der Neuen Komödie einige nützliche Dinge sagten, welchen Zweck verfolgten sie mit ihren Gedichten und Theaterstücken? Die Genres lehren Akzeptanz, Bescheidenheit und dass Unterhaltung uns keinen Kummer bereiten sollte. Doch mit der Zeit wich ihr höherer Zweck einer seichten Nachahmung.

7. Der ideale Lebensweg für die Philosophie: Was für eine offensichtliche Wahl!

Wie offensichtlich ist es, dass kein anderer Lebensweg besser für die Ausübung der Philosophie geeignet war als der, der jetzt deiner ist.

8. Die Bedeutung von sozialer Gemeinschaft und Zusammenhalt

Ein Zweig, der von seinem Nachbarzweig abgeschnitten wird, muss zwangsläufig vom ganzen Baum abgetrennt werden. Genauso ist ein Mensch, der sich von einem Mitmenschen trennt, von der ganzen sozialen Gemeinschaft abgefallen. Ein Zweig wird von außen abgeschnitten, aber ein Mensch trennt sich durch sein eigenes Handeln von seinem Nächsten - durch Hass und Abneigung, ohne sich bewusst zu sein, dass er sich damit aus dem allgemeinen Gemeinwesen herausgerissen hat. Doch es gibt immer die gute Gabe des Zeus, der die große Gemeinschaft gegründet hat, durch die es in unserer Macht steht, wieder an unsere Art angepfropft zu werden und wieder zu natürlichen Teilen zu werden, die das Ganze vervollständigen. Doch die häufigen Abspaltungen machen die Wiedervereinigung und Wiederherstellung des abgetrennten Gliedes immer schwieriger. Und im Allgemeinen ist ein Zweig, der von Anfang an an einem Baum gewachsen und ein lebendiger Teil von ihm geblieben ist, nicht mit einem Zweig vergleichbar, der abgeschnitten und wieder eingepfropft worden ist; wie die Gärtner sagen würden, sind sie vom gleichen Wuchs, aber von unterschiedlicher Überzeugung.

9. Robustes Urteil und Handeln trotz Widerstand

So wie diejenigen, die sich dir auf dem Weg der rechten Vernunft widersetzen, keine Macht haben, dich von vernünftigem Handeln abzubringen, so sollen sie dich auch nicht von der Annehmlichkeit zu sich selbst abbringen. Achte darauf, in stabilem Urteil und Handeln zu verharren, und sei sanftmütig gegenüber denen, die dich behindern oder anderweitig belästigen wollen. Es ist genauso schwach, sich über sie zu ärgern oder von ihrem Tun abzulassen und sich der Niederlage zu fügen. Beide sind gleichermaßen Deserteure - derjenige, der wegläuft, und derjenige, der sich weigert, einem Freund oder Verwandten beizustehen.

10. Die Überlegenheit der Natur über die Kunst: Ursprung der Gerechtigkeit und Tugendhaftigkeit

Die Natur kann der Kunst nicht unterlegen sein. Die Künste sind nur Nachahmungen der Natur. Wenn das so ist, kann die Natur, die die vollkommenste und umfassendste von allen ist, der besten künstlerischen Fähigkeit nicht unterlegen sein. Alle Künste verwenden minderwertiges Material für höhere Zwecke; so auch die universelle Natur. Daraus ergibt sich der Ursprung der Gerechtigkeit, aus der wiederum die anderen Tugenden entspringen. Die Gerechtigkeit kann nicht bewahrt werden, wenn wir um gleichgültige Dinge besorgt sind, wenn wir leicht zu täuschen, unbesonnen und wankelmütig sind.

11. Die Ruhe des Urteils: Sich mit Sorgen und Ängsten auseinandersetzen

Wenn die Dinge, deren Verfolgung und Vermeidung dich beunruhigen, nicht zu dir kommen, sondern du sie zufällig aufsuchst, dann wird dein Urteil über sie ruhig sein, sie werden unbeweglich bleiben, und du wirst nicht mehr gesehen, wie du sie verfolgst oder vermeidest.

12. Die vollkommene Form der Seelensphäre

Die Sphäre der Seele erlangt ihre vollkommene Form, wenn sie sich weder nach außen ausdehnt noch nach innen zusammenzieht, weder Falten wirft noch zusammenfällt, sondern mit einem Glanz erstrahlt, durch den sie die Wahrheit aller Dinge erkennt, sowohl außerhalb als auch innerhalb.

13. Verantwortung für unser Handeln und Reaktionen

Verurteilt mich jemand? Dann soll er darauf achten. Und ich will darauf achten, dass ich nichts tue oder sage, was seiner Verachtung wert ist. Hasst mich irgendjemand? Das ist seine Angelegenheit. Ich werde zu jedem freundlich und gutmütig sein und bereit sein, denjenigen, der mich hasst, auf seinen Irrtum hinzuweisen; nicht um ihn zu tadeln oder um meine Geduld zu beweisen, sondern aus echter Güte, wie Phokion, wenn er wirklich aufrichtig war. Dein innerer Charakter sollte so beschaffen sein, dass die Götter dich weder zornig noch zornig sehen können. Was ist schlimm daran, wenn du jetzt entsprechend deiner Natur handelst und das annimmst, was der Natur des Universums angemessen ist, du, der du dazu bestimmt bist, einen Dienst für das Gemeinwohl zu leisten?

14. Die Ambivalenz menschlicher Beziehungen

Obwohl sie verachten, schmeicheln sie sich gegenseitig. Obwohl sie sich übertreffen wollen, kriechen sie doch voreinander.

15. Ehrlichkeit und Geradlinigkeit: Eine natürliche Ausstrahlung

Wie faul und unaufrichtig ist der Beruf, der sagt: "Ich will ehrlich mit dir umgehen." Was tust du da? Eine solche Vorrede ist nicht nötig. Es wird sich von selbst ergeben. Ein solches Bekenntnis sollte dir deutlich auf die Stirn geschrieben sein. Der Charakter eines Menschen sollte deutlich aus seinen Augen leuchten, so wie der Geliebte ihn in den Blicken derer sieht, die ihn lieben. Der geradlinige, gute Mann sollte wie ein rassiger Geruch sein, der von den Vorübergehenden erkannt werden kann, sobald er sich nähert, ob er will oder nicht. Die Zurschaustellung von Geradlinigkeit ist das Messer unter dem Mantel. Nichts ist gemeiner als Wolfsfreundschaft. Meide sie vor allen Dingen. Der gute, geradlinige und freundliche Mensch trägt all diese Eigenschaften in sich und ist nicht zu verwechseln.

16. Die Macht der Seele: Ein Leben in Gleichgültigkeit gegenüber Dingen

Es liegt in der Macht der Seele, das beste Leben zu führen, wenn sie gleichgültig gegenüber gleichgültigen Dingen ist. Und sie wird gleichgültig sein, wenn sie alle diese Dinge, einzeln und in ihrer Gesamtheit, mit Unterscheidungsvermögen betrachtet, wobei sie darauf achtet, dass kein einziges von ihnen uns eine Meinung über sich selbst aufzwingen oder von selbst zu uns kommen kann. Die Dinge stehen außen unbeweglich da, und wir sind es, die sich eine Meinung über sie bilden und sie uns sozusagen ins Herz schreiben.

Wir können es vermeiden, sie so zu schreiben, oder wenn sich eine unbemerkt eingeschlichen hat, können wir sie sofort auslöschen. Es ist nur für kurze Zeit, dass wir diese Wachsamkeit brauchen, und dann hört das Leben auf. Warum sollten wir das sonst für schwierig halten? Wenn es der Natur entspricht, freue dich darüber, und es wird dir leicht fallen. Wenn es der Natur widerspricht, dann suche das, was deiner Natur entspricht, und folge ihm fleißig, auch wenn es keinen Ruhm bringt; denn jedem Menschen wird vergeben, wenn er sein eigenes Wohl sucht.

17. Die Bedeutung der Ursprünge und Veränderung der Dinge

Bedenke, woher jedes Ding kommt, woraus es zusammengesetzt wurde, in was es verwandelt wird, wie es mit ihm sein wird, wenn es verwandelt ist, und dass es kein Übel erleiden wird.

18. Die neun Regeln für ein menschliches Leben

Was diejenigen angeht, die mich beleidigen, so lasst mich bedenken: Erstens, wie ich mit den Menschen verwandt bin; dass wir beide füreinander geschaffen sind; und dass ich in anderer Hinsicht über sie gesetzt wurde wie der Widder über die Herde und der Stier über die Herde. Betrachte das Ganze noch einmal genauer: Entweder gibt es ein Reich von Atomen oder eine intelligente Natur, die das Ganze regiert. Wenn letzteres der Fall ist, sind die niederen Wesen für die höheren geschaffen und die höheren füreinander.

Zweitens: Überlege dir, wie sie bei Tisch, im Bett oder anderswo sind, und vor allem, an welche Prinzipien sie sich halten und mit welcher Arroganz sie sie pflegen.

Drittens: Wenn sie richtig handeln, sollten wir das nicht übel nehmen; und wenn nicht, dann tun sie es offensichtlich ohne Absicht und in Unwissenheit. Denn keine Seele will sich der Wahrheit berauben oder der Fähigkeit, jeden Menschen so zu behandeln, wie er es verdient. Deshalb sind die Menschen betrübt, wenn man sie ungerecht, undankbar, gierig und kurz gesagt, Sünder gegen ihre Nächsten nennt.

Viertens: Du selbst sündigst oft und bist nicht besser als andere. Auch wenn du dich von bestimmten Sünden fernhältst, so hast du doch die Neigung, sie zu begehen, auch wenn du dich aus Feigheit, Angst um deinen Charakter oder aus anderen Gemeinheiten zurückhältst.

Fünfter Punkt: Du kannst nicht einmal ganz sicher sein, dass du Unrecht getan hast, denn viele Dinge lassen sich rechtfertigen. Und im Allgemeinen muss ein Mensch viel gelernt haben, bevor er ein sicheres Urteil über das Verhalten anderer fällen kann.

Sechstens: Wenn du dich ärgerst oder dich zu sehr sorgst, denke daran, dass das Leben des Menschen nur einen Augenblick währt und dass wir alle bald zur Ruhe kommen werden.

Siebtens: Es sind nicht die Taten der anderen, die uns beunruhigen. Ihre Handlungen liegen in ihren eigenen Seelen. Nur unsere eigenen Meinungen stören uns. Also weg mit ihnen; wenn du nicht daran denkst, dass dir Unglück widerfährt, ist der Ärger weg. Aber wie entfernt man sie? Indem du denkst, dass es keine Unehre gibt; denn wenn du nicht glaubst, dass Unehre allein böse ist, musst du wahrlich in viele Verbrechen verfallen, du kannst ein Räuber oder irgendein Schurke werden.

Achtens: Wie viel schlimmeres Übel erleiden wir durch Zorn und Kummer über bestimmte Dinge als durch die Dinge selbst, über die diese Leidenschaften entstehen.

Neuntens: Sanftmut ist unbesiegbar, wenn sie aufrichtig ist, ohne Simplifizierung oder Heuchelei. Denn was kann dir der frechste Mensch antun, wenn du ihm gegenüber höflich bleibst und ihn, wenn sich die Gelegenheit bietet, sanft und bedächtig ermahnst und ihm gerade in dem Moment, in dem er dir schaden will, den besseren Weg zeigst? "Nein, mein Sohn, wir sind für etwas Besseres geboren. Mir kann kein Leid geschehen; du bist es, der dir weh tut, mein Sohn." Und weise ihn behutsam und grundsätzlich darauf hin, dass sich Bienen und andere Herdentiere nicht so verhalten wie er. Aber das muss ohne Ironie oder Vorwürfe geschehen, sondern mit liebevoller Güte und ohne Bitterkeit; nicht so, als würdest du ihm eine Lektion erteilen oder Bewunderung von den Umstehenden erwarten, sondern so, als würdest du deine Bemerkungen nur für ihn machen, auch wenn andere dabei sind.

Erinnere dich an diese neun Regeln als Gaben, die du von den Musen erhalten hast, und beginne jetzt, für den Rest deines Lebens menschlich zu sein. Hüte dich davor, wütend auf Männer zu sein und ihnen zu schmeicheln. Beides ist unsozial und führt zu Unheil. Denke bei allem Zorn daran, dass Zorn nicht zu einem Mann passt, sondern dass Sanftmut und Sanftmut, da sie menschlicher sind, auch männlicher sind. Stärke, Nerven und Mut gehören dem Sanftmütigen und Sanftmütigen, nicht dem Jähzornigen und Ungeduldigen. Denn je näher ein Mensch der Freiheit von Leidenschaften kommt, desto näher kommt er der Stärke. Ein schwacher Mensch im Kummer ist wie ein schwacher Mensch im Zorn. Beide sind verletzt, und beide geben nach.

Wenn du ein zehntes Geschenk vom Anführer der Musen haben willst, nimm dies: Zu erwarten, dass die Bösen nicht sündigen, ist Wahnsinn. Es ist eine Unmöglichkeit zu erwarten. Aber ihnen zu erlauben, andere zu verletzen, und ihnen zu verbieten, dich zu verletzen, ist töricht und tyrannisch.

19. Die vier Seelenzustände, die vermieden werden sollten

Es gibt vier Seelenzustände, vor denen du dich ständig und ganz besonders in Acht nehmen musst und die du, wenn du sie entdeckst, auslöschen solltest, indem du Folgendes zu jedem sagst. "Dieser Gedanke ist unnötig. Er führt zur sozialen Auflösung. Du könntest das nicht von Herzen sagen; und etwas anderes als von Herzen zu sagen, ist ein höchst absurdes Verhalten." Und viertens: Alles, was Selbstvorwürfe hervorruft, ist eine Überwältigung oder Unterwerfung des göttlichen Teils in dir gegenüber dem weniger ehrenhaften und sterblichen Teil, dem Körper, und seinen gröberen Neigungen.

20. Die Harmonie der Elemente in uns: Eine Reflexion über menschliche Natur

Die seriellen und magmatischen Teile, aus denen du zusammengesetzt bist, neigen zwar von Natur aus nach oben, gehorchen aber dennoch dem allgemeinen Gesetz des Universums und bleiben hier in der Zusammensetzung erhalten. Die erdigen und feuchten Teile von dir neigen zwar von Natur aus nach unten, werden aber dennoch unterstützt und bleiben dort, wo sie sind, auch wenn sie nicht in ihrer natürlichen Lage sind. So gehorchen die Elemente, wo immer sie von der höheren Macht platziert wurden, dem Ganzen und warten, bis das Signal für ihre Auflösung ertönt. Ist es nicht bedauerlich, dass der intellektuelle Teil allein ungehorsam ist und sich an seiner Funktion stört? Dennoch wird ihm keine Gewalt angetan, nichts wird ihm entgegen seiner Natur aufgezwungen. Dennoch ist er ungeduldig und neigt zum Widerstand. Denn all ihre Neigungen zu Ungerechtigkeit, Ausschweifung, Zorn, Sorgen und Ängsten sind so viele Abweichungen von der Natur. Und wenn sich die Seele über ein bestimmtes Ereignis aufregt, verlässt sie ihren Platz. Sie ist für die Heiligkeit und die Frömmigkeit gegenüber Gott ebenso geschaffen wie für die Gerechtigkeit. Letztere sind Zweige der sozialen Güte, die noch ehrwürdiger sind als die Ausübung der Gerechtigkeit.

21. Ziele im Leben: Einheitliches Verhalten erreichen

Wer im Leben nicht immer ein und dasselbe Ziel hat, kann auch nicht sein ganzes Leben lang ein und dasselbe sein. Aber ein einziges Ziel reicht nicht aus, wenn du nicht auch bedenkst, was das Ziel sein sollte. Denn so wie man sich nicht über alle Dinge einig ist, die von der Mehrheit für gut befunden werden, sondern nur über einige von ihnen, die von öffentlichem Nutzen sind, so sollte auch dein Ziel sozial und politisch sein. Denn nur wer alle seine persönlichen Ziele auf ein solches Ziel ausrichtet, kann ein einheitliches Verhalten erreichen und so immer derselbe Mensch sein.

22. Die Ängste der Stadtmaus und Landmaus

Erinnere dich an die Landmaus und die Stadtmaus; und wie die letztere sich fürchtete und zitterte.

23. Die Sprüche der Gemeinen: Schreckgespenster für Kinder - Sokrates

Sokrates nannte die Sprüche der Gemeinen Kobolde, Schreckgespenster für Kinder.

24. Auftritte der Spartaner: Eine Klasse für sich

Die Spartaner setzten bei ihren öffentlichen Darbietungen Fremde in den Schatten, setzten sich aber selbst dorthin, wo sie Platz fanden.

25. Sokrates' Ausrede für die Einladung von Perdikkas

Sokrates hatte diese Ausrede, warum er nicht auf die Einladung von Perdikkas einging: "Damit ich nicht zum schlimmsten aller Enden komme, indem ich eine Gunst erhalte, die ich nicht erwidern kann."

26. Das Tugendgebot in den Schriften der Epheser

In den Schriften der Epheser gibt es ein Gebot, das häufig an einige von denen erinnert, die in der Vergangenheit die Tugend pflegten.

27. Die Bedeutung des Himmels für die Pythagoräer

Die Pythagoräer empfahlen uns, morgens den Himmel zu betrachten, um uns an die Wesen zu erinnern, die gleichmäßig und kontinuierlich ihrer Arbeit nachgehen, und an ihre Ordnung, Reinheit und nackte Einfachheit; denn ein Stern hat keinen Schleier.

28. Sokrates' außergewöhnliche Kleidung und seine Freunde

Denke an Sokrates, der in ein Fell gekleidet war, als Xanthippe seinen Mantel nahm und hinausging; und was er zu seinen Freunden sagte, die sich schämten und ihn verlassen wollten, als sie ihn so außergewöhnlich gekleidet sahen.

29. Die Bedeutung von Führung beim Schreiben und Lesen sowie im Leben

Beim Schreiben und Lesen musst du geführt werden, bevor du führen kannst. Im Leben ist das noch viel mehr der Fall.

30. Die Einschränkung der Redefreiheit durch die persönliche Unterdrückung

Wenn du selbst ein Sklave bist, kann deine Rede nicht frei sein.

31. Das lachende Herz (The Laughing Heart)

Und mein Herz lachte in mir. (Odyssee, ix. 413.)

32. Die Kritik an der Tugend in Hesiods "Werke und Tage"

Die Tugend selbst tadeln sie mit den schärfsten Worten. (HESIOD, Werke und Tage, 184.)

33. Der Wahnsinn des Sehnens nach Verlorenem

Im Winter nach Feigen zu suchen, ist Wahnsinn; und so ist es auch, sich nach einem Kind zu sehnen, das vielleicht nicht mehr deines ist.

34. Die Natur des Lebens: Die Worte Epiktets über das Schicksal

Epiktet sagte, dass du, wenn du dein Kind küsst, in dich hineinflüstern solltest: "Morgen wird es vielleicht sterben." "Unheilverkündende Worte!", sagst du. "Die Worte haben kein böses Omen", sagt er, "sondern weisen nur auf einen Akt der Natur hin. Ist es ein böses Omen zu sagen, dass das Korn geerntet wird?"

35. Veränderungen der Traube: Von grün über reif bis getrocknet

Die grüne Traube, die reife Traube, die getrocknete Traube sind alle Veränderungen, nicht zu nichts, sondern zu dem, was jetzt noch nicht ist.

36. Die unvergängliche Freiheit des Handelns nach Epiktet

Niemand kann dir die Freiheit des Handelns rauben, wie Epiktet sagt.

37. Die wahre Kunst der Zustimmung und Selbstbeherrschung

Er sagt uns auch, dass wir die wahre Kunst der Zustimmung herausfinden müssen; und in Bezug auf unsere Triebe sagt er, dass wir wachsam sein müssen, um sie zu zügeln, damit sie mit angemessener Zurückhaltung, mit Gemeinsinn und mit gebührendem Sinn für Verhältnismäßigkeit handeln; auch sollen wir uns von sinnlichen Leidenschaften gänzlich fernhalten und nicht unruhig sein in Dingen, die wir nicht unter Kontrolle haben.

38. Wahnsinnig oder zurechnungsfähig? Der Streit um unsere geistige Gesundheit

Der Streit geht nicht um irgendeine zufällige Angelegenheit, sagte er, sondern darum, ob wir wahnsinnig oder zurechnungsfähig sind.

39. Der Kampf um tugendhafte Seelen

Was wünschst du dir? sagt Sokrates. Die Seelen von vernünftigen oder von unvernünftigen Wesen? Vernünftige. Welche Art von Vernunftwesen, tugendhafte oder lasterhafte? Tugendhaft. Warum suchst du dann nicht nach solchen Seelen? Weil wir sie schon haben. Warum kämpft ihr dann und seid euch uneins?

BUCH 12

— Das Leben umarmen und Gleichgewicht finden

Das Leben ist kurz und unvorhersehbar, deshalb ist es wichtig, sich Zeit zu nehmen, um die guten Dinge zu schätzen und sich auf das Wesentliche zu konzentrieren. Wir sollten uns hohe Ziele setzen, ehrlich sein und uns nicht von kontrollieren lassen. Der Tod ist gewiss, deshalb sollten wir das Beste aus dem Leben machen und unser Glück in allem finden, was uns begegnet. Wir sollten uns um Ausgewogenheit und Gerechtigkeit bemühen und uns daran erinnern, dass es im täglichen Leben gibt. Alles ist eins, also ist es eine Frage der Perspektive. Das Leben ist kurz, also genieße es und denke daran, dich nach deinem wahren Ziel zu fragen und für zu handeln.

1. Die Kunst des glücklichen Lebens

Alles, was du mit hinterhältigen Mitteln erreichen willst, gehört bereits dir, wenn du es dir nur freiwillig nehmen willst. Das heißt, wenn du alles Vergangene hinter dir lässt, die Zukunft der Vorsehung überlässt und die Gegenwart in Frömmigkeit und Gerechtigkeit regelst. In Frömmigkeit, damit du dein Schicksal liebst; denn die Natur hat es dir gegeben und du ihr. In Gerechtigkeit, damit du ohne Zwang und Arglist die Wahrheit sagst; damit du tust, was recht und billig ist; damit du nicht durch die Bosheit anderer oder durch ihre Meinung oder ihr Gerede oder durch irgendeine Empfindung dieses armen Körpers, der dich umgibt, daran gehindert wirst, denn darauf kann der betroffene Teil achten. Wenn du nun, da du dich deinem Ende näherst und alle anderen Dinge hinter dir lässt, allein deinen herrschenden Teil, den göttlichen Geist in dir, in Ehrfurcht hältst; wenn du aufhörst, das Ende des Lebens zu fürchten, sondern eher fürchtest, den Anfang des Lebens gemäß der Natur zu verpassen, dann wirst du ein Mensch sein, der des geordneten Universums, das dich hervorgebracht hat, würdig ist; du wirst aufhören, ein Fremder in deinem eigenen Land zu sein, der staunend über jedes Tagesereignis starrt und von dieser oder jener Kleinigkeit aufgehalten wird.

2. Die Bedeutung der Innerlichkeit in unserem Leben

Gott sieht alle Seelen nackt und entkleidet von diesen körperlichen Gefäßen, Schalen und Abfällen. Durch seine Intelligenz allein berührt er nur das, was von ihm eingeflößt wurde und von ihm selbst ausgegangen ist. Wenn du dich selbst dazu verpflichten würdest, das Gleiche zu tun, wäre dir so manche Qual erspart geblieben. Denn wer nicht auf das Fleisch achtet, das ihn umgibt, wird seine Freizeit nicht damit verschwenden, über Kleidung, Haus oder Ruhm oder andere äußere Ausstattungsgegenstände nachzudenken.

3. Die Bedeutung der geistigen Kraft für ein erfülltes Leben

Du bestehst aus drei Teilen - Körper, Seele und Verstand. Für die ersten beiden musst du sorgen, aber nur der dritte Teil gehört dir allein. Verscheuche alles, was andere tun oder sagen, alles, was du selbst getan oder gesagt hast, alle Zukunftsängste, alle unkontrollierbaren Aspekte deines Körpers und seiner angeborenen Seele und alles, was dich umtreibt. Tu dies, damit deine geistige Kraft, die rein gemacht und über die Zufälle des Schicksals erhoben wurde, frei nach ihren eigenen Bedingungen leben kann - gerecht, resigniert und wahrhaftig. Wenn du jede übermäßige Bindung an die Vergangenheit oder die Zukunft ablegst, wirst du, wie Empedokles es ausdrückt, "eine makellose Sphäre, die sich an der endlosen Ruhe erfreut". Wenn du lernst, nur in der Gegenwart zu leben, wirst du in der Lage sein, den Rest deines Lebens bis zum

Tod in edler Ruhe zu verbringen, in Frieden mit deinem inneren Geist.

4. Die Angst vor der Meinung anderer

Ich habe mich oft gefragt, wie es kommt, dass jeder Mensch sich selbst mehr liebt als alle anderen, aber seine eigene Meinung über sich selbst weniger schätzt als die Meinung der anderen. Doch wenn ein Gott oder ein weiser Lehrer käme und einem Menschen befehlen würde, nichts zu denken und zu entwerfen, was er nicht sofort aussprechen würde, wenn es ihm in den Sinn käme, würde er die Prüfung nicht einen einzigen Tag lang aushalten. Deshalb haben wir mehr Angst vor der Meinung unserer Nachbarn als vor unserer eigenen.

5. Warum sterben die besten Menschen der Menschheit?

Wie kann es sein, dass die Götter, die alles zum Wohle des Menschen geordnet haben, nur eines übersehen haben, nämlich dass einige der Besten der Menschheit, die die engsten Beziehungen zu den göttlichen Dingen hatten und durch fromme Werke und heiligen Dienst mit der Gottheit vertraut wurden, nach ihrem Tod nicht mehr auferstehen, sondern ganz und gar ausgelöscht werden? Wenn das wirklich so ist, dann sei gewiss, dass sie es anders gemacht hätten, wenn es anders hätte sein sollen. Wäre es richtig gewesen, wäre es durchführbar gewesen, und hätte es der Natur entsprochen, hätte die Natur es vollbracht. Wenn es wirklich nicht so ist, dann sei überzeugt, dass es nicht hätte sein sollen. Ihr seht, dass ihr in dieser Angelegenheit mit den Göttern um Gerechtigkeit streitet. Wir würden nicht so mit den Göttern verhandeln, wenn sie nicht vollkommen gut und gerecht wären. Und wenn sie so sind, haben sie in ihrer Verwaltung nichts ungerechtfertigt und unvernünftig vernachlässigt.

6. Die Kraft des Durchhaltens: Schwierige Aufgaben erfolgreich bewältigen

Erledige auch Aufgaben, an deren Ausführung du verzweifelst. Die linke Hand, die in anderen Dingen mangels Gebrauch wenig wert ist, hält das Zaumzeug dennoch fester als die rechte, denn darin hat sie Übung.

7. Die Vergänglichkeit des Lebens: Eine Erinnerung an die Endlichkeit von Körper und Seele

Bedenke, wie der Tod dich treffen wird, sowohl was den Körper als auch was die Seele betrifft. Denke an die Kürze des Lebens, an die Ewigkeiten davor und danach und an die Hinfälligkeit aller materiellen Dinge.

8. Die Grundlegenden Ursachen des Lebens

Denke über die grundlegenden Ursachen nach, die von ihren Verkleidungen befreit sind. Denke darüber nach, was Schmerz ist, was Vergnügen, was Tod und was Ruhm ist. Bedenke, wie viele selbst die Ursache für all die Unruhe sind, die sie erleiden; wie kein Mensch von einem anderen behindert werden kann; wie alles Ansichtssache ist.

9. Faustkämpfer vs. Schwertkämpfer: Anwendung von Prinzipien

Bei der Anwendung von Prinzipien sollten wir eher wie ein Faustkämpfer als ein Schwertkämpfer sein. Denn wenn letzterer das Schwert, das er benutzt, fallen lässt, ist er verloren. Aber der Erste hat seine Hand immer bei sich und braucht sie nur zu führen.

10. Die Bedeutung der Natur und ihre Unterscheidung in Materie, Ursache und Zweck

Betrachte die Natur der Dinge gut und unterscheide zwischen Materie, Ursache und Zweck.

11. Die wunderbare Gabe der göttlichen Bestimmung

Was für eine herrliche Macht ist dem Menschen gegeben, nie etwas zu tun, was Gott nicht gutheißt, und alles anzunehmen, was Gott für ihn bestimmt hat!

12. Die Unschuld der Menschen und Götter im Lauf der Natur

Für das, was im Lauf der Natur geschieht, sind die Götter nicht zu tadeln. Sie tun nie etwas Falsches, weder freiwillig noch unfreiwillig. Auch die Menschen können nicht beschuldigt werden, denn sie tun nicht absichtlich Unrecht. Es gibt also niemanden zu beschuldigen.

13. Die Absurdität des Staunens über das Alltägliche

Wie lächerlich und wie ein Fremder ist der, der sich über alles wundert, was im Leben passiert!

14. Die Philosophie des Schicksals und der Führung

Entweder gibt es eine fatale Notwendigkeit, eine unabänderliche Ordnung oder eine versöhnliche Vorsehung oder ein blindes Durcheinander ohne Lenker. Wenn es eine unabänderliche Notwendigkeit gibt, warum sich dagegen wehren? Wenn es eine Vorsehung gibt, für die man Sühne leisten kann, dann mache dich der göttlichen Hilfe würdig. Wenn es ein unkontrolliertes Durcheinander gibt, sei getröstet, denn in diesem Sturm hast du eine leitende Intelligenz in dir. Und wenn die Welle dich mitreißt, dann lass sie das Fleisch und das tierische Leben mitreißen, denn den geistigen Teil von dir wird sie nicht mitreißen.

15. Das Leuchten der Lampe: Die Bedeutung von Wahrheit, Gerechtigkeit und Mäßigung

Wenn das Licht einer Lampe leuchtet und seinen Schein nicht verliert, bis es verlöscht, so sollen Wahrheit, Gerechtigkeit und Mäßigung in dir erlöschen, bevor du selbst erloschen bist.

16. Der Umgang mit Sünde und Verurteilung in unserer Gesellschaft

Wenn du den Eindruck hast, dass ein Mensch gesündigt hat, sage zu dir selbst: "Woher weiß ich, dass das Sünde ist?" Und wenn er gesündigt hat, dann bedenke, dass er sich selbst verurteilt und sozusagen sein eigenes Gesicht zerrissen hat.

Wer will, dass der Gottlose nicht sündigt, ist wie jemand, der will, dass der Feigenbaum keinen Saft in seinen Feigen hat, dass Säuglinge nicht schreien, Pferde nicht wiehern und andere unvermeidliche Dinge nicht geschehen. Was soll der böse Mensch tun, der eine böse Gesinnung hat? Wenn du so scharf darauf bist, heile es.

17. Lebe nach Prinzipien der Ehrlichkeit und Anstand

Wenn eine Sache nicht schicklich ist, tue sie nicht; wenn sie nicht wahr ist, sage sie nicht.

18. Die Kunst der differenzierten Wahrnehmung und Entfaltung

Bemühe dich immer, in allem das zu sehen, was deinen Eindruck hervorruft, und entfalte ihn, indem du die Ursache, die Materie, die Beziehung zu anderen Dingen und die Zeitspanne, in der er aufhören muss zu existieren, unterscheidest.

19. Die Suche nach dem höheren Selbst und die Frage nach unseren Gedanken und Leidenschaften

Erkenne endlich, dass es in deinem Inneren etwas Besseres und Göttlicheres gibt als die unmittelbare Ursache deiner Lust- und Schmerzempfindungen; kurz gesagt, etwas jenseits der Fäden, die die Marionette bewegen. Was ist jetzt mein Gedanke? Ist es Angst? Misstrauen? Lust? Oder eine andere Leidenschaft?

20. Die Bedeutung des Ziels im Handeln für das Gemeinwohl

Erstens sollst du nichts willkürlich oder ohne Ziel tun. Zweitens soll dein Ziel nie etwas anderes sein als das Gemeinwohl.

21. Die Vergänglichkeit des Lebens: Die Natur der Veränderung und des Wandels

Noch ein wenig, und du wirst nicht mehr sein; auch wird nichts von dem übrig bleiben, was du jetzt siehst, und auch nichts von denen, die jetzt leben. Es liegt in der Natur aller Dinge, sich zu verändern, zu verwandeln und zu verderben, damit andere Dinge aus ihnen hervorgehen können.

22. Die Macht der eigenen Meinung: Innere Ruhe und Frieden erreichen

Bedenke, dass alles eine Sache der Meinung ist; und die Meinung liegt bei dir selbst. Unterdrücke also deine Meinung, wann immer du willst, und wie einer, der das Kap umrundet und die Bucht erreicht hat, wirst du überall Ruhe und Stille haben, niemals eine Welle.

23. Das natürliche Ende des Lebens - In Harmonie mit der Natur

Ein natürlicher Vorgang, der zu seiner richtigen Zeit endet, erleidet keinen Schaden, wenn er aufhört, noch erleidet der Handelnde einen Schaden, wenn er aufhört. Genauso ist es mit der ganzen Reihe von Handlungen, die das Leben ausmacht: Wenn sie zu ihrer Zeit endet, erleidet sie kein Übel, wenn sie aufhört, und auch derjenige, der seine Reihe auf diese Weise abschließt, ist nicht in einem schlechten Zustand. Die Zeit und die Dauer werden von der Natur bestimmt, manchmal sogar von deiner eigenen Natur, wie im Alter, aber immer von der Natur des Ganzen, durch dessen Austausch das Universum immer noch frisch und in seiner Blüte bleibt. Was für die Natur des Ganzen vorteilhaft ist, ist immer gut und zeitgemäß. Deshalb kann das Aufhören des Lebens für den Einzelnen nicht schlecht sein. Es ist nichts Schlechtes daran, denn es liegt nicht in unserer Macht, und es enthält nichts, was dem allgemeinen Vorteil zuwiderläuft. Nein, es ist gut, denn es ist für das Ganze angemessen und vorteilhaft und steht im Einklang mit der Ordnung des Universums. So wird auch derjenige von Gott geleitet, der denselben Weg wie Gott geht, und zwar aus gleicher Neigung.

24. Drei wichtige Gedanken für ein erfülltes Leben

Habe diese drei Gedanken immer bei dir: Erstens: Was dein Handeln angeht, so tue nichts unüberlegt oder anders, als die Gerechtigkeit selbst gehandelt hätte. Was äußere Ereignisse angeht, so geschehen sie entweder durch Zufall oder durch Vorsehung; niemand sollte mit dem Zufall hadern oder die Vorsehung tadeln. Zweitens: Prüfe, was jedes Ding ist, von seinem Samen bis zu seiner Belebung und von seiner Belebung bis zu seinem Tod; aus welchen Stoffen es besteht und in was es sich auflösen wird. Drittens: Wenn du dich in die Höhe erheben könntest und von dort aus alle menschlichen Angelegenheiten betrachten könntest, würdest du ihre große Vielfalt erkennen und dir gleichzeitig der

Menge an seriellen und ätherischen Bewohnern um uns herum bewusst sein; aber wenn du dich so oft erheben würdest, würdest du immer die gleichen Dinge sehen, alle gleichförmig und von kurzer Dauer. Können wir unseren Stolz auf solche Dinge setzen?

25. Wer hindert dich daran, deine Meinung abzulegen?

"Werft die Meinung ab, und ihr seid gerettet." Wer hindert dich denn daran, sie abzulegen?

26. Die Bedeutung der Verbundenheit und des Vergeben(s) im Universum

Wenn du dich über irgendetwas ärgerst, hast du vergessen, dass alles in Übereinstimmung mit der Natur des Universums geschieht und dass das begangene Unrecht das eines anderen war. Auch das, dass alles, was geschieht, geschehen ist, geschehen wird und jetzt überall geschieht. Du hast auch vergessen, wie groß das Band zwischen einem Menschen und der gesamten menschlichen Rasse ist, ein Band, das nicht aus Blut und Samen besteht, sondern aus gemeinsamer Intelligenz. Du hast vergessen, dass die Intelligenz eines jeden Menschen göttlich ist und von Gott ausgeht. Du hast auch vergessen, dass kein Mensch Eigentümer von irgendetwas ist: Seine Kinder, sein Körper, sein Leben selbst sind von Gott gegeben. Du hast auch vergessen, dass alles Ansichtssache ist und dass man nur in der Gegenwart leben oder verlieren kann.

27. Die Tragik des Ruhms und des Unglücks: Eine nüchterne Perspektive

Erinnere dich häufig an diejenigen, die sich über etwas zu sehr geärgert haben, an diejenigen, die im Extrem des Ruhmes oder des Unglücks, in Fehden oder anderen Umständen des Schicksals überragend gewesen sind. Dann halte inne und frage: Wo sind sie jetzt alle? Rauch und Asche und ein altes Märchen oder vielleicht nicht einmal ein Märchen. Lass sie alle Revue passieren: Fabius Catullinus auf dem Lande, Lucius Lupus in seinen Gärten, Stertinius in Baiae, Tiberius in Capreae, Velius Rufus, kurzum, alles, was Rang und Namen hat und bei den Menschen hoch angesehen ist. Wie billig ist all das, was so eifrig angestrebt wird? Und wie viel besser steht es einem Philosophen an, sich in dem ihm zugewiesenen Teil der materiellen Welt als gerecht, gemäßigt und den Göttern gehorsam zu erweisen, und das in aller Einfachheit; denn am unerträglichsten ist der Stolz der falschen Demut.

28. Die Sichtbarkeit und Existenz der Götter

Auf die Frage: "Wo hast du die Götter gesehen und wie sicher bist du dir ihrer Existenz, dass du sie anbetest?", antworte Folgendes: Erstens: Sie sind sichtbar, sogar für das Auge. Auch meine eigene Seele kann ich nicht sehen, und doch verehre ich sie. Und was die Götter angeht, so spüre ich ständig ihre Macht; deshalb weiß ich, dass sie existieren, und ich bete sie an.

29. Die Kunst des Lebens genießens

Die Sicherheit des Lebens besteht darin, die ganze Natur von allem zu sehen und die Materie und die Form ihrer Beschaffenheit zu erkennen; außerdem musst du von ganzem Herzen gerecht sein und die Wahrheit sagen. Was bleibt dann noch übrig, als das Leben zu genießen, indem du ein Gut dem anderen hinzufügst, um nicht die kleinste Pause zu verlieren?

30. Die Einheit der Substanz in der Vielfalt der Natur

Es gibt nur ein Sonnenlicht, auch wenn es auf Mauern und Hügel und unzählige andere Objekte gestreut wird. Es gibt nur eine gemeinsame Substanz, auch wenn sie auf zehntausend Körper mit ebenso vielen verschiedenen Eigenschaften verteilt ist. Es gibt nur eine Seele, auch wenn sie auf unzählige verschiedene Naturen und individuelle Formen verteilt ist. Es gibt nur einen einzigen intelligenten Geist, auch wenn er scheinbar geteilt ist. Die anderen Teile dieser Individuen, von denen wir gesprochen haben, wie z. B. der Atem und die Materie, haben keine Wahrnehmung und keine gegenseitige Zuneigung; dennoch werden auch sie vom intelligenten Geist zusammengehalten und ziehen sich gegenseitig an. Aber die Intelligenz hat eine besondere Neigung zu ihrer Art und vereinigt sich mit ihr, und die Gemeinschaft der Gefühle wird nicht unterbrochen.

31. Der Wert des Lebens: Vernunft und Gott folgen

Was wünschst du dir? Weiterzuleben? Oder ist es zu fühlen oder zu wünschen? Zu wachsen und wieder zu vergehen? Zu sprechen oder zu denken? Was von all dem ist es wert, begehrt zu werden? Und wenn jedes einzelne davon verachtenswert ist, dann gehe zum letzten, was übrig bleibt: der Vernunft und Gott zu folgen. Es widerspricht der Ehrfurcht vor der Vernunft und vor Gott, den Verlust dieser anderen verachtenswerten Dinge durch den Tod zu beklagen.

32. Die Begrenztheit unseres Daseins in der universellen Natur

Wie klein ist der Anteil, den jeder von uns an der grenzenlosen Unermesslichkeit der Zeitalter hat, und der in der Ewigkeit verschwinden wird! Wie wenig ist unser Anteil an der universellen Substanz, wie wenig am universellen Geist! Auf welch einem kleinen Klumpen der ganzen Erde kriechen wir herum! Wenn du das alles bedenkst, solltest du nichts anderes tun, als so zu handeln, wie deine Natur dich führt, und zu ertragen, was die universelle Natur bewirkt.

33. Die Macht unseres Inneren: Der entscheidende Faktor für unser Leben

Wie ist es mit deinem herrschenden Teil? Hiervon hängt alles ab. Alle anderen Dinge, ob innerhalb oder außerhalb unserer Kontrolle, sind nur Leichen, Staub und Rauch.

34. Der Tod in einer paradoxen Welt: Verachtung trotz Freude und Schmerz

Dies muss dich vor allem dazu bringen, den Tod zu verachten: Dass selbst diejenigen, die Freude für gut und Schmerz für böse hielten, ihn dennoch verachteten.

35. Die Betrachtung von Zeit und Vernunft

Wer nur das für gut hält, was zur rechten Zeit kommt, der kümmert sich nicht darum, ob er öfter oder weniger oft nach rechter Vernunft gehandelt hat; dem macht es nichts aus, ob er das

Universum länger oder kürzer betrachtet - für den hat auch der Tod keine Angst.

36. Die Bedeutung der Jahre: Eine philosophische Betrachtung über das Leben

Du hast gelebt, oh Mensch, als Bürger dieser großen Stadt; was macht es für dich aus, ob du fünf Jahre oder drei Jahre lebst? Was durch das Gesetz kommt, ist für alle gerecht. Wo ist dann das Unglück, wenn du aus der Stadt geschickt wirst, und zwar nicht von einem Tyrannen oder einem ungerechten Richter, sondern von der Natur selbst, die dich zuerst eingeführt hat, so wie der Prätor, der den Schauspieler engagiert hat, ihn wieder von der Bühne entlässt? "Aber", sagst du, "ich habe doch nicht meine fünf Akte gesprochen, sondern nur drei." Stimmt, aber im Leben machen drei Akte das Stück aus. Denn derjenige bestimmt das Ende, der für die Entstehung und die Auflösung des Stücks verantwortlich war. Du bist für beides nicht verantwortlich. Geh also gnädig von dannen, denn der, der dich entlässt, ist gnädig.

GLOSSAR

Dieses Glossar enthält alle Eigennamen (mit Ausnahme einiger weniger, die unbedeutend oder unbekannt sind) und alle veralteten oder obskuren Wörter.

Adrianus, oder Hadrian (76-138 n. Chr.), 14. römischer Kaiser.

Agrippa, M. Vipsanius (63-12 v. Chr.), ein angesehener Soldat unter Augustus.

Alexander der Große, König von Makedonien und Eroberer des Ostens, 356-323 v. Chr.

Antisthenes von Athen, Begründer der Kyniker und Gegner Platons, lebte im 5. Jahrhundert vor Christus. Antoninus Pius hingegen war der 15. römische Kaiser von 138 bis 161 n. Chr. und einer der besten Herrscher, die je eine Krone trugen.

Apathie: Das stoische Ideal war die Gelassenheit in allen Lebenslagen, die Unempfindlichkeit gegenüber Schmerz und die Abwesenheit jeglicher Begeisterung über Freude oder Glück.

Apelles, ein berühmter Maler des Altertums.

Apollonius von Alexandria, genannt Dyscolus, oder der "Übellaunige", ein großer Grammatiker.

Apostem, Tumor, Wucherung.

Archimedes von Syrakus, 287-212 v. Chr., der berühmteste Mathematiker des Altertums.

Athos, ein Gebirgsvorsprung im Norden des Ägäischen Meeres.

Augustus, erster römischer Kaiser (regierte 31 v. Chr.-14 n. Chr.).

Vermeiden, nichtig.

Bacchius: Es gab mehrere Personen mit diesem Namen, und gemeint ist vielleicht der Musiker.

Brutus (1) der Befreier des römischen Volkes, seiner Könige und (2) der Mörder von Cæsar. Beide Namen waren allgemein bekannt.

Cæsar, Caius, Julius, der Diktator und Eroberer.

Caieta, eine Stadt in Latium.

Camillus, ein berühmter Diktator in der Frühzeit der römischen Republik.

Carnuntum, eine Stadt an der Donau in Oberpannonien.

Cato, genannt von Utica, ein Stoiker, der nach der Schlacht von Thapsus, 46 v. Chr., durch seine eigene Hand starb. Sein Name war sprichwörtlich für Tugend und Mut.

Vorsichtig, zurückhaltend.

Cecrops, erster legendärer König von Athen.

Charax, vielleicht der priesterliche Geschichtsschreiber dieses Namens, dessen Datum unbekannt ist, außer dass es später als Nero sein muss.

Chirurge, Chirurg.

Chrysippus, 280-207 v. Chr., stoischer Philosoph und Begründer des Stoizismus als systematische Philosophie.

Der Circus Maximus in Rom, ein Vergnügungspark, in dem vier Factiones, also Gesellschaften, um die Vorherrschaft wetteiferte. Jede von ihnen zeichnete sich durch ihre eigene Farbe aus: rot, weiß, blau und grün. Obwohl der Wettbewerb hart war, mit vielen Ausbrüchen von Gewalt, war es ein Ort der Freude und des Feierns. Lachen und Applaus hallten von den Tribünen wider, Meister wurden gekürt und Rivalitäten geknüpft. Ein Ort des großen Spektakels und eine Arena der großen Rivalität.

Cithaeron, ein Gebirge nördlich von Attika.

Komödie, antike; ein Begriff, der auf die attische Komödie von Aristophanes und seiner Zeit angewandt wird, die Personen und Politik kritisierte, ähnlich wie eine moderne komische Zeitschrift wie Punck. Siehe Neue Komödie.

Umfassend, kurz.

Einbildung, Meinung.

Zufriedenheit, Genügsamkeit.

Crates, ein kynischer Philosoph aus dem 4. Jahrhundert v. Chr.

Crœsus, König von Lydien, sprichwörtlich für Reichtum; er regierte 560–546 v. Chr.

Die Kyniker, eine von Antisthenes angeführte Philosophenschule, strebten eine Rückkehr zum Naturzustand an, indem sie alle zivilen und sozialen Ansprüche ablehnten. Seine Texte waren eine ironische Version des Sokratismus, in dem nur die Tugend als gut und das Laster als schlecht galt. Obwohl ihre Mission edel war, waren ihre Umgangsformen oft unangenehm – ein Widerspruch, der sich auch heute noch in der Gesellschaft zeigt.

Demetrius von Phalerum, ein athenischer Redner, Staatsmann, Philosoph und Dichter. Geboren 345 v. Chr.

Demokrit von Abdera (460–351 v. Chr.), berühmt als "lachender Philosoph", dessen ständiger Gedanke war: "Was für Narren diese Sterblichen sind". Er erfand die Atomtheorie.

Dio von Syrakus, ein Schüler Platons und späterer Tyrann von Syrakus. Ermordet 353 v. Chr.

Diogenes, der Kyniker, geboren um 412 v. Chr., bekannt für seine Grobheit und Hartnäckigkeit.

Diognetus, ein Maler.

Verzichten, sich damit abfinden.

Dogmata, prägnante Sprüche oder philosophische Lebensregeln.

Empedokles von Agrigent, 5. Jh. v. Chr., Philosoph, der erstmals die Existenz von "vier Elementen" feststellte. Er glaubte an die Seelenwanderung und die Unzerstörbarkeit der Materie.

Epiktet, ein berühmter stoischer Philosoph, war phrygischer Herkunft. Er begann als Sklave und wurde später ein Freigelassener, blieb aber lahm, verarmt und dennoch zufrieden. Seine Reden wurden später in dem als Encheiridion bekannten Werk gesammelt und veröffentlicht, das von einem seiner Schüler zusammengestellt wurde.

Epikureer, eine von Epikur gegründete Philosophengruppe, die "die Physik des Demokrit", d. h. die Atomtheorie, "mit der Ethik des Aristippos" verband. Sie schlugen vor, für das Glück zu leben, aber das Wort hatte ursprünglich nicht den groben und vulgären Sinn, den es bald annahm.

Epikur von Samos, 342-270 v. Chr. In Athen führte er in seinen grünen Gärten ein urbanes und wohlwollendes Leben, wenn auch nicht sehr produktiv. Sein Charakter war unkompliziert und gemäßigt, und er besaß keine der Laster oder Exzesse, die später der epikureischen Schule zugeschrieben wurden.

Eudoxus von Cnidus, ein berühmter Astronom und Arzt des 4. Jahrhunderts v. Chr.

Fatal, schicksalhaft.

Zufall, Chance (adj.).

Fronto, M. Cornelius, Rhetoriker und Verteidiger, wurde 143 n. Chr. zum Konsul ernannt. Es sind mehrere seiner Briefe an M. Aur. und andere erhalten.

Granua, ein Nebenfluss der Donau.

Helice, die antike Hauptstadt von Achaia, wurde 373 v. Chr. von einem Erdbeben verschlungen.

Helvidius Priscus, Schwiegersohn von Thrasea Paetus, ein edler Mann und ein Liebhaber der Freiheit. Er wurde von Nero verbannt und von Vespasian hingerichtet.

Heraklit von Ephesus, der im 6. Jahrhundert v. Chr. lebte. Er schrieb über Philosophie und Naturwissenschaften.

Herculaneum, in der Nähe des Vesuvs, verschüttet durch den Ausbruch von 79 n. Chr.

Herkules, sollte Apollo sein. Siehe Musen.

Hiatus, Lücke.

Hipparchus von Bithynien, ein Astronom aus dem 2. Jahrhundert v. Chr., "der wahre Vater der Astronomie".

Hippokrates von Kos, ca. 460-357 v. Chr. Einer der bekanntesten Ärzte des Altertums.

Idiot, bedeutet lediglich, dass derjenige, der nichts kann, ein "Laie" ist, d.h. derjenige, der keine technische Ausbildung in irgendeiner Kunst, einem Handwerk oder einem Beruf hat.

Leonnatus, ein bedeutender General unter Alexander dem Großen.

Lucilla, Tochter des M. Aurelius und Ehefrau des Verus, den sie überlebte.

Mæcenas, ein vertrauenswürdiger Berater von Augustus und ein großzügiger Förderer von Geistern und Literaten.

Maximus, Claudius, ein stoischer Philosoph.

Menippus, ein kynischer Philosoph.

Meteores, ta metewrologika, "hohe Philosophie", speziell der Astronomie und Naturphilosophie, die mit anderen Spekulationen verbunden waren.

Mittlere Komödie, etwas in der Mitte zwischen der Alten und der Neuen Komödie. Siehe Komödie, Antike und Neue Komödie.

Die Stoiker unterschieden zwischen drei Bereichen: dem tugendhaften, dem lasterhaften und dem "indifferenten". Vieles von dem, was die Welt als gut oder schlecht ansieht, wie Reichtum oder Armut, betrachteten sie als "gleichgültig". Von diesen Dingen sollten einige angestrebt, andere hingegen abgelehnt werden.

Musen, die neun Gottheiten, die über verschiedene Arten von Poesie, Musik usw. herrschen. Ihr Anführer war Apollo, der unter anderem den Titel Musegetes, Anführer der Musen, trug.

Nerven, Saiten.

Neue Komödie, die attische Komödie des Menander und seiner Schule, die nicht die Personen, sondern die Sitten kritisierte, wie eine moderne komische Oper. Siehe Komödie, Antike.

Palestra, Ringerschule.

Pankratius, Wettkämpfer im Pankratium, einem kombinierten Wettkampf, der Boxen und Ringen umfasste.

Parmularii, Gladiatoren, die mit einem kleinen runden Schild (parma) bewaffnet sind.

Pheidias, der berühmteste Bildhauer des Altertums.

Philippus, Begründer der makedonischen Oberherrschaft und Vater von Alexander dem Großen.

Phokion, ein athenischer Feldherr und Staatsmann, ein edler und hochgesinnter Mann, 4. Jahrhundert v. Chr. Demosthenes nannte ihn "den Beschneider meiner Zeit". Er wurde im Jahr 317 aufgrund eines falschen Verdachts vom Staat hingerichtet und hinterließ seinem Sohn die Botschaft, "keinen Groll gegen die Athener zu hegen".

Kiefer, Quälerei.

Platon von Athen, 429-347 v. Chr. Er verwendete die von seinem Meister Sokrates erfundene dialektische Methode. Er war ein philosophischer Dichter, dessen Ideenlehre besagt, dass die Dinge so sind, wie sie sind, weil sie an der ewigen Idee teilhaben. In seinem "Commonwealth" stellte er sich eine utopische Welt vor, einen Ort der Vollkommenheit und Harmonie.

Platoniker, Anhänger von Platon.

Pompeji, in der Nähe des Vesuvs, verschüttet durch den Ausbruch im Jahr 79 n. Chr.

Pompeius, C. Pompeius Magnus, ein sehr erfolgreicher General am Ende der römischen Republik (106-48 v. Chr.).

Prestidigitator, Jongleur.

Pythagoras von Samos, Philosoph, Wissenschaftler und Moralist des 6. Jahrhunderts v. Chr.

Quadi, ein Volksstamm in Süddeutschland. M. Aurelius führte Krieg gegen sie, und ein Teil dieses Buches wurde auf dem Feld geschrieben.

Fratze, klaffen, Kiefer.

Rusticus, Q. Junius, oder stoischer Philosoph, wurde zweimal von M. Aurelius zum Konsul ernannt.

Heiligtum, Schrein.

Salaminius, Leon von Salamis. Sokrates wurde von den Dreißig Tyrannen aufgefordert, ihn vor sie zu bringen, und Sokrates weigerte sich auf eigene Gefahr.

Sarmatae, ein in Polen lebender Stamm.

Sceletum, Skelett.

Die tiefgründigen Überlegungen von Pyrrho, einem antiken griechischen Philosophen, der vier Jahrhunderte vor Christi Geburt lebte, sind seit Langem eine Quelle der Kontemplation und der Forschung. Seine Lehren über die Relativität des Wissens und die Unmöglichkeit von Beweisen haben eine Denkschule inspiriert, die als "Skeptizismus" bekannt ist. Obwohl seine Worte vor Jahrtausenden geäußert wurden, sind sie heute noch genauso aktuell wie in seinem Heimatland. Auch der Agnostizismus teilt viele von Pyrrhos philosophischen

Grundsätzen, was die beiden Denkschulen zu natürlichen Gefährten auf der Suche nach Wissen macht.

Scipio, der Name von zwei großen Soldaten, P. Corn. Scipio Africanus, Bezwinger von Hannibal, und P.

Mais. Sc. Afr. Minor, der durch Adoption in die Familie kam, die Karthago zerstörte.

Secutoriani (ein von C. geprägtes Wort), die Sececutores, leicht bewaffnete Gladiatoren, die mit Netz und Dreizack gegen andere antraten.

Sextus von Chaeronea, ein stoischer Philosoph, Neffe von Plutarch.

Dumm, einfach, gewöhnlich.

Sinuessa, eine Stadt in Latium.

Sokrates, ein athenischer Philosoph (469-399 v. Chr.), Begründer der dialektischen Methode. Wurde aufgrund einer erfundenen Anklage von seinen Landsleuten zum Tode verurteilt.

einschränken, begrenzen (ohne Geiz zu implizieren).

Die stoische Lebensweise wurde von einem weisen Mann namens Zeno im vierten Jahrhundert v. Chr. begründet und später von Chrysippus im dritten Jahrhundert systematisiert. Sie glaubten, dass die physische Materie die Essenz des Universums sei, und ihr Ziel war es, im Einklang mit der Natur zu leben. Ihr perfekter Mensch hatte keine Bedürfnisse; alles, was er brauchte, war seine eigene Weisheit. Tugend wurde geschätzt und Laster verpönt, obwohl sie glaubten, dass äußere Dinge keine Rolle spielten.

Theophrastus, Philosoph, Schüler von Aristoteles und dessen Nachfolger als Präsident des Lyzeums. Er schrieb zahlreiche Werke über Philosophie und Naturgeschichte. Gestorben 287 v. Chr.

Thrasea, P. Thrasea Pactus, ein Senator und stoischer Philosoph, ein edler und mutiger Mann. Er wurde von Nero zum Tode verurteilt.

Tiberius, 2. römischer Kaiser (14-31 n. Chr.). Er verbrachte den letzten Teil seines Lebens in Capreae (Capri) vor Neapel in Luxus und Ausschweifungen und vernachlässigte seine kaiserlichen Pflichten.

To-torn, in Stücke gerissen.

Trajan, 13. römischer Kaiser, 52-117 n. Chr.

Verus, Lucius Aurelius, Kollege von M. Aurelius im Reich. Er heiratete Lucilla, die Tochter von M. A., und starb 169 n. Chr.

Vespasian, 9. römischer Kaiser, Xenokrates von Chalcedon, 396-314 v. Chr., Philosoph und Präsident der Akademie.

INDEX